周易本義

朱熹 著

六十四卦，
三百八十四爻，
皆所以順性命之理，
盡變化之道也。
散之在理，則有萬殊；
統之在道，則無二致。

傳世

周易序

易之爲書。卦爻彖象之義備。而天地萬物之情見。聖人之憂天下來世。其至矣。先天下而開其物。後天下而成其務。是故極其數以定天下之象。著其象以定天下之吉凶。六十四卦。三百八十四爻。皆所以順性命之理。盡變化之道也。散之在理。則有萬殊。統之在道。則无二致。所以易有太極。是生兩儀。太極者。道也。兩儀者。陰陽也。陰陽一道也。太極无極也。萬物之生。負陰而抱陽。莫不有太極。莫不有兩儀。絪縕交感。變化不窮。形一受其生。神一發其智。情僞出焉。萬緒起焉。易所以定吉凶而生大業。故易者。陰陽之道也。卦者。陰陽之物也。爻者。陰陽之動也。卦雖不同。所同者奇耦。爻雖不同。所同者九六。是以六十四卦爲其體。三百八十四爻互爲其用。遠在六合之外。近在一身之中。暫於瞬息。微於動靜。莫不有卦之象焉。莫不有爻之義焉。至哉易乎。其道至大而无不包。其用至神而无不存。時固未始有一。而卦未始有定象。事固未始有窮。而爻亦未始有定位。以一時而索卦。則拘於无變。非易也。以一事而明爻。則窒而不通。非易也。知所謂卦爻彖象之義。而不知有卦爻彖象之用。亦非易也。故得之於精神之運。心術之動。與天地合其德。與日月合其明。與四時合其序。與鬼神合其吉凶。然後可以謂之知易也。雖然。易之有卦。易之已形者也。卦之有爻。卦之已見者也。已形已見者。可以知言。未形未見者。不可以名求。則所謂易者。果何如哉。此學者所當知也。

筮儀

擇地潔處爲蓍室。南戶。置牀于室中央。

牀大約長五尺。廣三尺。毋太近壁。

蓍五十莖。韜以纁帛。貯以皁囊。納之櫝中。置于牀北。

櫝以竹筒。或堅木。或布漆爲之。圓徑三寸。如蓍之長。半爲底。半爲蓋。下別爲臺。函之。使不偃仆。

設木格于櫝南。居牀二分之北。

格以橫木板爲之。高一尺。長竟牀。當中爲兩大刻。相距一尺。大刻之西爲三小刻。相距各五寸許。下施橫足。側立案上。

置香爐一于格南。香合一于爐南。日炷香致敬。將筮。則灑掃拂拭。滌硯一。注水。及筆一。墨一。黃漆板一。于爐東。東上。筮者齊潔衣冠。北面。盥手焚香致敬。齊。側皆反。

筮者北面。見儀禮。若使人筮。則主人焚香畢。少退。北面立。筮者進立于牀前少西。南向受命。主人直述所占之事。筮者許諾。主人右還。西向立。筮者右還。北向立。

兩手奉櫝蓋。置于格南爐北。出蓍于櫝。去囊解韜。置于櫝東。合五十策。兩手執之。熏于爐上。

此後所用蓍策之數。其說並見啓蒙。

命之曰。假爾泰筮有常。假爾泰筮有常。某官姓名。今以某事云云。未知可否。爰質所疑于神于靈。吉凶得失。悔吝憂虞。惟爾有神。尚明告之。乃以右手取其一策。反于櫝中。而以左右手中分**四十九策。置格之左右兩大刻。**

此第一營。所謂分而爲二以象兩者也。

次以左手取左大刻之策執之。而以右手取

此第二營。所謂掛一以象三者也。

次以右手四揲左手之策。揲。食列反。

此第三營之半。所謂揲之以四以象四時者也。

次歸其所餘之策。或一或二。或三或四。而扐之左手无名指間。

此第四營之半。所謂歸奇于扐以象閏者也。

次以右手反過揲之策于左大刻。遂取右大刻之策執之。而以左手四揲之。

此第三營之半。

次歸其所餘之策如前。而扐之左手中指之閒。

此第四營之半。所謂再扐以象再閏者也。一變所餘之策。左一則右必三。左二則右亦二。左三則右必一。左四則右亦四。通掛一之策。不五則九。五以一其四而爲奇。九以兩其四而爲耦。奇者三而耦者一也。

次以右手反過揲之策于右大刻。而合左手一掛二扐之策。置于格上第一小刻。

以東爲上。後放此。

是爲一變。再以兩手取左右大刻之蓍合之。

或四十四策。或四十策。

復四營如第一變之儀。而置其掛扐之策于格上第二小刻。是爲二變。復。扶又反。營。于平反。下同。

二變所餘之策。左一則右必二。左二則右必一。左三則右必四。左四則右必三。通掛一之策。不四則八。四以一其四而爲奇。八以兩其四而爲耦。奇耦各得四之二焉。

又再取左右大刻之蓍合之。

或四十策。或三十六策。或三十二策。

復四營如第二變之儀。而置其掛扐之策于格上第三小刻。是爲三變。

三變餘策與二變同。

三變既畢。乃視其三變所得掛扐過揲之策。而畫其爻于版。

掛扐之數。五四爲奇。九八爲耦。掛扐三奇合十三策。則過揲三十六策而爲老陽。其畫爲口。所謂重也。掛扐兩奇一耦合十七策。則過揲三十二策而爲少陰。其畫爲--。所謂拆也。掛扐兩耦一奇合二十一策。則過揲二十八策而爲少陽。其畫爲一。所謂單也。掛扐三耦合二十五策。則過揲二十四策而爲老陰。其畫爲×。所謂交也。

如是每三變而成爻。

第一。第四。第七。第十。第十三。第十六。凡六變並同。但第三變以下不命。而但用四十九蓍耳。第二。第五。第八。第十一。第十四。第十七。凡六變亦同。第三。第六。第九。第十二。第十五。第十八。凡六變亦同。

凡十有八變而成卦。乃考其卦之變。而占其事之吉凶。

卦變別有圖說見啓蒙。

禮畢。韜蓍襲之以囊。入櫝加蓋。斂筆硯墨版。再焚香致敬而退。

如使人筮。則主人焚香。揖筮者而退。

周易本義卦歌

八卦取象歌

☰乾三連　☷坤六斷
☳震仰盂　☶艮覆盌
☲離中虛　☵坎中滿
☱兌上缺　☴巽下斷

分宮卦象次序

乾坎艮震爲陽四宮。巽離坤兌爲陰四宮。每宮陰陽八卦。

乾爲天　天風姤　天山遯　天地否
風地觀　山地剝　火地晉　火天大有
坎爲水　水澤節　水雷屯　水火既濟
澤火革　雷火豐　地火明夷　地水師
艮爲山　山火賁　山天大畜　山澤損
火澤睽　天澤履　風澤中孚　風山漸
震爲雷　雷地豫　雷水解　雷風恒
地風升　水風井　澤風大過　澤雷隨
巽爲風　風天小畜　風火家人　風雷益
天雷无妄　火雷噬嗑　山雷頤　山風蠱
離爲火　火山旅　火風鼎　火水未濟
山水蒙　風水渙　天水訟　天火同人
坤爲地　地雷復　地澤臨　地天泰
雷天大壯　澤天夬　水天需　水地比
兌爲澤　澤水困　澤地萃　澤山咸
水山蹇　地山謙　雷山小過　雷澤歸妹

上下經卦名次序歌

乾坤屯蒙需訟師　比小畜兮履泰否
同人大有謙豫隨　蠱臨觀兮噬嗑賁
剝復无妄大畜頤　大過坎離三十備
咸恒遯兮及大壯　晉與明夷家人睽
蹇解損益夬姤萃　升困井革鼎震繼
艮漸歸妹豐旅巽　兌渙節兮中孚至
小過既濟兼未濟　是爲下經三十四

上下經卦變歌

訟自遯變泰歸妹　否從漸來隨三位
首困噬嗑未濟兼　蠱三變賁井既濟
噬嗑六五本益生　賁原於損既濟會
无妄訟來大畜需　咸旅恒豐皆疑似
晉從觀更睽有三　離與中孚家人繫
蹇利西南小過來　解升二卦相爲贅
鼎由巽變漸渙旅　渙自漸來終於是

周易本義圖目

河圖

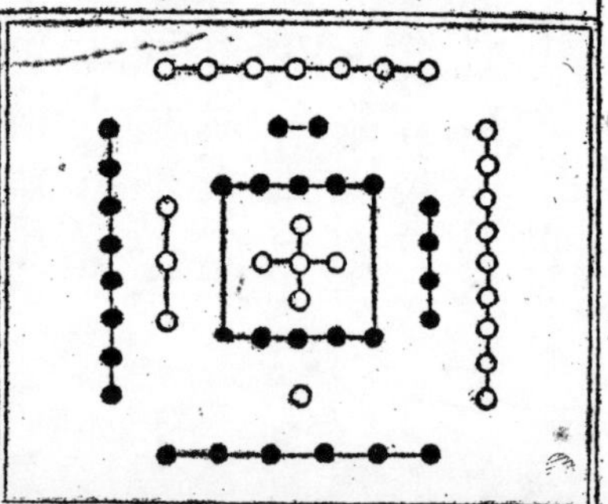

洛書

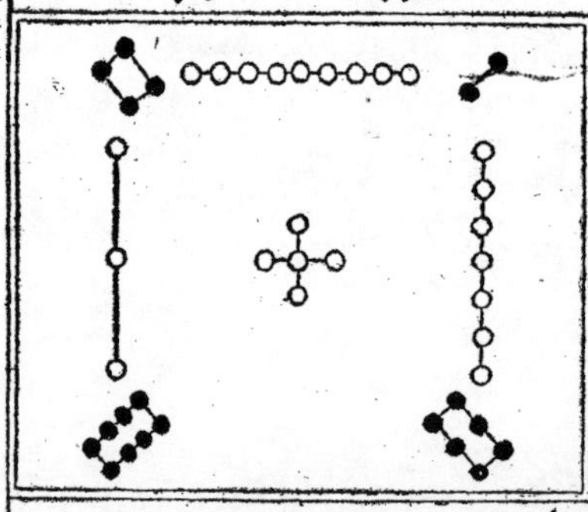

繫辭傳曰河出圖洛出書聖人則之又曰天一地二天三地四天五地六天七地八天九地十天數五地數五五位相得而各有合天數二十有五地數三十凡天地之數五十有五此所以成變化而行鬼神也此河圖之數也洛書蓋取龜象故其數戴九履一左三右七二四為肩六八為足

蔡元定曰圖書之象自漢孔安國劉歆魏關朗子明有宋康節先生邵雍堯夫皆謂如此至劉牧始兩易其名而諸家因之故今復之悉從其舊

伏羲八卦次序　伏羲八卦方位

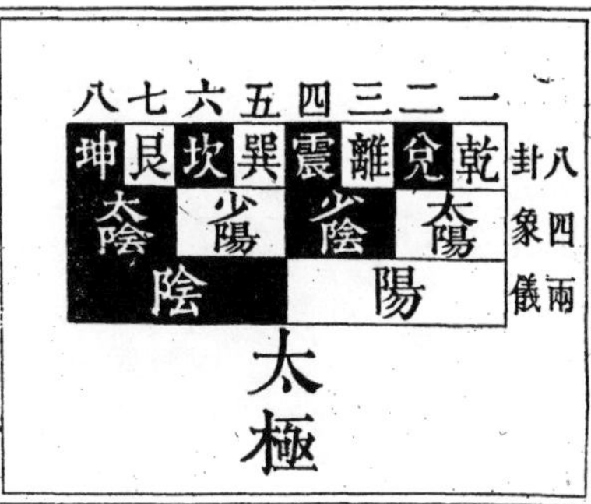

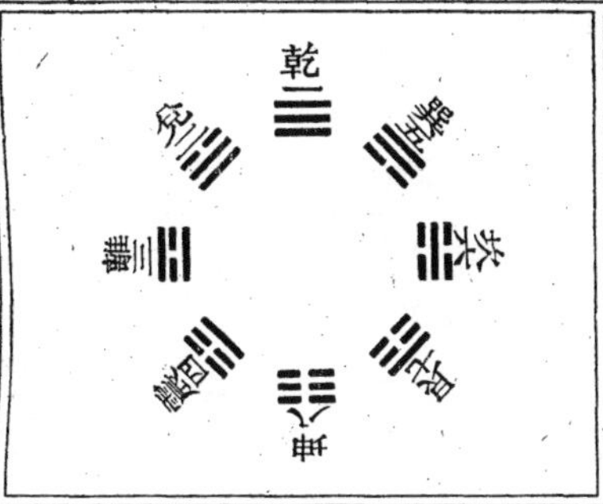

繫辭傳曰易有太極是生兩儀兩儀生四象四象生八卦邵子曰一分爲二二分爲四四分爲八也說卦傳曰易逆數也邵子曰乾一兌二離三震四巽五坎六艮七坤八自乾至坤皆得未生之卦若逆推四時之比也後六十四卦次序放此

說卦傳曰天地定位山澤通氣雷風相薄水火不相射八卦相錯數往者順知來者逆邵子曰乾南坤北離東坎西震東北兌東南巽西南艮西北自震至乾爲順自巽至坤爲逆後六十四卦方位放此

伏羲六十四卦次序

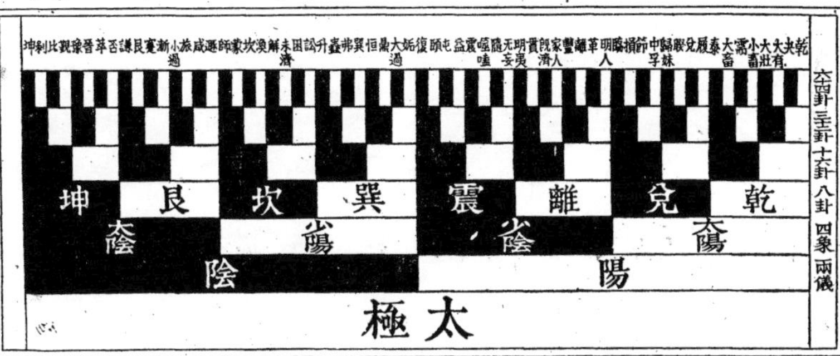

前八卦次序圖即繫辭傳所謂八卦成列者此圖即其所謂因而重之者也故下三畫即前圖之八卦上三畫則各以其序重之而下卦因亦各衍而爲八也若逐爻漸生則邵子所謂八分爲十六十六分爲三十二三十二分爲六十四者尤見法象自然之妙也

伏羲六十四卦方位

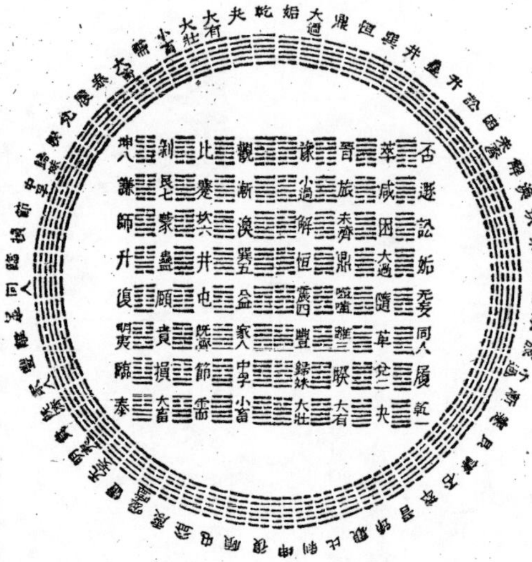

伏羲四圖。其說皆出邵氏。蓋邵氏得之李之才挺之。挺之得之穆修伯長。伯長得之華山希夷先生陳摶圖南者。所謂先天之學也。此圖圓布者。乾盡午中。坤盡子中。離盡卯中。坎盡酉中。陽生於子中。極於午中。陰生於午中。極於子中。其陽在南。其陰在北。方布者。乾始於西北。坤盡於東南。其陽在北。其陰在南。此二者。陰陽對待之數。圓於外者爲陽。方於中者爲陰。圓者動而爲天。方者靜而爲地者也。

文王八卦次序　文王八卦方位

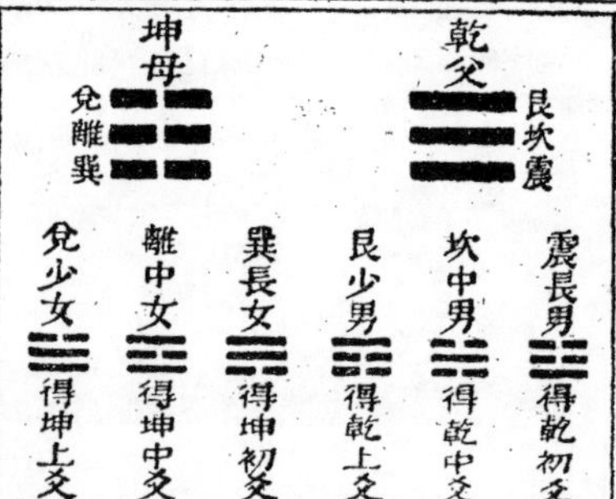

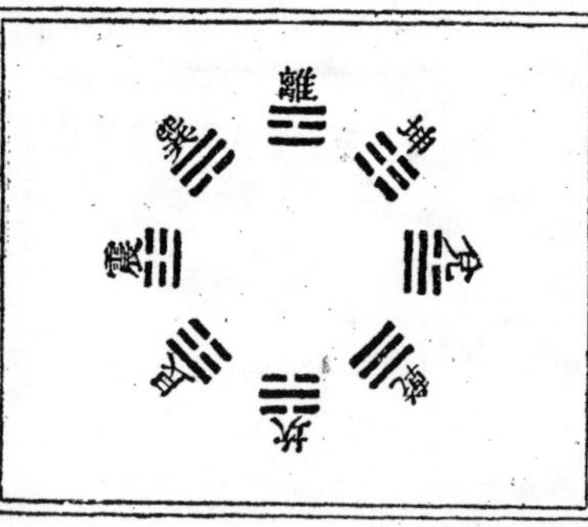

右見說卦。邵子曰。此文王八卦。乃入用之位。後天之學也。

卦變圖

彖傳或以卦變為說。今作此圖以明之。蓋易中之一義。非畫卦作易之本指也。

凡一陰一陽之卦各六。皆自復姤而來。五陰五陽卦同圖異。

剝 比 豫 謙 師 復

夬 大有 小畜 履 同人 姤

凡二陰二陽之卦各十有五。皆自臨遯而來。四陰四陽卦同圖異。

頤 屯 震 明夷 臨

蒙 坎 解 升

艮 蹇 小過

晉 萃

觀

大過 鼎 巽 訟 遯

革 離 家人 无妄

兌 睽 中孚

需 大畜

大壯

凡三陰三陽之卦各二十。皆自泰否而來。

損 節 歸妹 泰

賁 既濟 豐

噬嗑 隨

益

蠱 井 恒

未濟 困

渙

旅 咸

漸

否

咸 旅 漸 否

困 未濟 渙

井 蠱

恒

隨 噬嗑 益

既濟 賁

豐

節 損

歸妹

泰

凡四陰四陽之卦各十有五。皆自大壯觀而來。二陰二陽圖已見前。

大畜 需 大壯

睽 兌

中孚

離 革

家人
无妄
鼎　大過
巽
訟
遯
萃　晉　觀
蹇　艮
小過
坎　蒙
解
升
屯　頤
震
明夷
臨

凡五陰五陽之卦各六。皆自夬剝而來。一陰一陽圖已見前。

大有　夬
小畜
履
同人

姤
比　剝
豫
謙
師
復

右易之圖九。有天地自然之易。有伏羲之易。有文王周公之易。有孔子之易。自伏羲以上。皆无文字。只有圖畫。最宜深玩。可見作易本原精微之意。文王以下。方有文字。卽今之周易。然讀者亦宜各就本文消息。不可便以孔子之說。爲文王之說也。

周易本義目錄

卷之一

上經

卷之二

下經

周易卷之一

周易上經

周，代名也。易，書名也。其卦本伏羲所畫，有交易變易之義，故謂之易。其辭則文王周公所繫，故繫之周。以其簡袠重大，故分爲上下兩篇。經則伏羲之畫，文王周公之辭也。并孔子所作之傳十篇，凡十二篇。中間頗爲諸儒所亂。近世晁氏始正其失，而未能盡合古文。呂氏又更定著爲經二卷，傳十卷，乃復孔氏之舊云。

☰☰ 乾下乾上

乾，元亨利貞。 乾，渠焉反。○六畫者，伏羲所畫之卦也。一者，奇也，陽之數也。乾者，健也，陽之性也。本註乾字，三畫卦之名也。下者，內卦也。上者，外卦也。經文乾字，六畫卦之名也。伏羲仰觀俯察，見陰陽有奇耦之數，故畫一奇以象陽，畫一耦以象陰。見一陰一陽有各生一陰一陽之象，故自下而上，再倍而三，以成八卦。見陽之性健，而其成形之大者爲天，故三奇之卦，名之曰乾，而擬之於天也。三畫已具，八卦已成，則又三倍其畫，以成六畫，而於八卦之上各加八卦，以成六十四卦也。此卦六畫皆奇，上下皆乾，則陽之純而健之至也。故乾之名，天之象，皆不易焉。元亨利貞，文王所繫之辭，以斷一卦之吉凶，所謂彖辭者也。元，大也。亨，通也。利，宜也。貞，正而固也。文王以爲乾道大通而至正，故於筮得此卦而六爻皆不變者，言其占當得大通，而必利在正固，然後可以保其終也。此聖人所以作易教人卜筮，而可以開物成務之精意。餘卦放此。

○**初九，潛龍勿用。** 潛，捷言反。○初九者，卦下陽爻之名。凡畫卦者自下而上，故以下爻爲初。陽數九爲老，七爲少，老變而少不變，故謂陽爻爲九。潛龍勿用，周公所繫之辭，以斷一爻之吉凶，所謂爻辭者也。潛，藏也。龍，陽物也。初陽在下，未可施用，故其象爲潛龍，其占曰勿用。凡遇乾而此爻變者，當觀此象而玩其占也。餘爻放此。

○**九二，見龍在田，利見大人。** 見龍之見，賢遍反。卦內見龍並同。○二謂自下而上第二爻也。後放此。九二剛健中正，出潛離隱，澤及於物，物所利見，故其象爲見龍在田，其占爲利見大人。九二雖未得位，而大人之德已著，常人不足以當之，故值此爻之變者，但爲利見此人而已。蓋亦謂在下之大人也。此以爻與占者相爲主賓，自爲一例。若有見龍之德，則爲利見九五在上之大人矣。

○**九三，君子終日乾乾，夕惕若厲，无咎。** 九，陽爻。三，陽位。重剛不中，居下之上，乃危地也。然性體剛健，有能乾乾惕厲之象，故其占如此。君子指占者而言。言能憂懼如是，則雖處危地而无咎也。

○**九四，或躍在淵，无咎。** 躍，羊灼反。○或者，疑而未定之辭。躍者，无所緣而絕於地，特未飛爾。淵者，上空下洞，深昧不測之所。龍之在是，若下於田，或躍而起，則向乎天矣。九陽四陰，居上之下，改革之際，進退未定之時也。故其象如此，其占能隨時進退，則无咎也。

○**九五，飛龍在天，利見大人。** 剛健中正，以居尊位，如以聖人之德，居聖人之位，故其象如此，而占法與九二同，特所利見者在上之大人爾。若有其位，則爲利見九二在下之大人也。

○**上九，亢龍有悔。** 亢，苦浪反。○上者，最上一爻之名。亢者，過於上而不能下之意也。陽極於上，動必有悔，故其象占如此。

○**用九，見羣龍无首。**

吉。用九言凡筮得陽爻者皆用九而不用七蓋諸卦百九十二陽爻之通例也以此卦純陽而居首故於此發之而聖人因繫之辭使遇此卦而六爻皆變者即此占之蓋六陽皆變剛而能柔吉之道也故爲羣龍无首之象而其占爲如是則吉也春秋傳曰乾之坤曰見羣龍无首吉蓋即純坤卦辭牝馬之貞先迷後得東北喪朋之意。**○彖曰大哉乾元。萬物資始乃統天。**彖吐亂反。○彖即文王所繫之辭傳者孔子所以釋經之辭也後凡言傳者放此。○此專以天道明乾義又析元亨利貞爲四德以發明之而此一節首釋元義也。大哉歎辭。元大也。始也。乾元天德之大始故萬物之生皆資之以爲始也。又爲四德之首而貫乎天德之始終故曰統天。**雲行雨施品物流形。**施始豉反卦內同。○此釋乾之亨也。**大明終始六位時成時乘六龍以御天。**始即元也。終謂貞也。不終則无始不貞則无以爲元也。此言聖人大明乾道之終始則見卦之六位各以時成而乘此六陽以行天道是乃聖人之元亨也。**乾道變化各正性命保合太和乃利貞。**變者化之漸化者變之成。物所受爲性。天所賦爲命。太和陰陽會合沖和之氣也。各正者得於有生之初。保合者全於已生之後。此言乾道變化无所不利而萬物各得其性命以自全以釋利貞之義也。**首出庶物萬國咸寧。**聖人在上高出於物猶乾道之變化也。萬國各得其所而咸寧猶萬物之各正性命而保合太和也。此言聖人之利貞也。蓋嘗統而論之。元者物之始生。亨者物之暢茂。利則向於實也。貞則實之成也。實之既成則其根蔕脫落可復種而生矣。此四德之所以循環而无端也。然而四者之間生氣流行初无間斷此元之所以包四德而統天也。其以聖人而言則孔子之意蓋以此卦爲聖人得天位行天道而致太平之占也。雖其文義有非文王之舊者然讀者各以其意求之則並行而不悖也。坤卦放此。**○象曰天行健君子以自彊不息。**象者卦之上下兩象及兩象之六爻周公所繫之辭也。○天乾卦之象也。凡重卦皆取重義此獨不然者天一而已但言天行則見其一日一周而明日又一周若重複之象。非至健不能也。君子法之。不以人欲害其天德之剛則自彊而不息矣。**○潛龍勿用陽在下也。**陽謂九。下謂潛。**○見龍在田德施普也。○終日乾乾反復道也。**復芳服反。本亦作覆。反復重複踐行之意。**○或躍在淵進无咎也。**可以進而不必進也。**○飛龍在天大人造也。**造徂早反。造猶作也。**○亢龍有悔盈不可久也。○用九天德不可爲首也。**言陽剛不可爲物先故六陽皆變而吉。○天行以下先儒謂之大象。潛龍以下先儒謂之小象。後放此。**○文言曰元者善之長也亨者嘉之會也利者義之和也貞者事之幹也。**長丁丈反。下長人同。幹古旦反。○此篇申彖傳象傳之意以盡乾坤二卦之蘊而餘卦之說因可以例推云。○元者生物之始天地之德莫先於此故於時爲春於人則爲仁而衆善之長也。亨者生物之通物至於此莫不嘉美故於時爲夏於人則爲禮而衆美之會也。利者生物之遂物各得宜不相妨害故於時爲秋於人則爲義而得其分之和。貞者生物之成實理具備隨在各足故於時爲冬於人則爲智而爲衆事之幹。幹木之身而枝葉所依以立者也。**君子體仁足以長人嘉會足以合禮利**

物足以和義。貞固足以幹事。以仁爲體。則无一物不在所愛之中。故足以長人。嘉其所會。則无不合禮。使物各得其所利。則義无不和。貞固者。知正之所在而固守之。所謂知而弗去者也。故足以爲事之幹。君子行此四德者。故曰乾元亨利貞。非君子之至健。无以行此。故曰乾元亨利貞。○此第一節。申彖傳之意。與春秋傳所載穆姜之言不異。疑古者已有此語。穆姜稱之。而夫子亦有取焉。故下文別以子曰表孔子之辭。蓋傳者欲以明此章之爲古語也。○初九曰潛龍勿用。何謂也。子曰。龍德而隱者也。不易乎世。不成乎名。遯世无悶。不見是而无悶。樂則行之。憂則違之。確乎其不可拔。潛龍也。樂音洛。確。苦學反。○龍德。聖人之德也。在下故隱。易謂變其所守。大抵乾卦六爻。文言皆以聖人明之。有隱顯而无淺深也。○九二曰。見龍在田。利見大人。何謂也。子曰。龍德而正中者也。庸言之信。庸行之謹。閑邪存其誠。善世而不伐。德博而化。易曰。見龍在田。利見大人。君德也。行。下孟反。邪。以嗟反。○正中。不潛而未躍之時也。常言亦信。常行亦謹。盛德之至也。閑邪存其誠。无斁亦保之意。言君德也者。釋大人之爲九二也。○九三曰。君子終日乾乾。夕惕若厲。无咎。何謂也。子曰。君子進德脩業。忠信。所以進德也。脩辭立其誠。所以居業也。知至至之。可與幾也。知終終之。可與存義也。是故居上位而不驕。在下位而不憂。故乾乾因其時而惕。雖危无咎矣。幾音機。○忠信主於心者。无一念之不誠也。脩辭見於事者。无一言之不實也。雖有忠信之心。然非脩辭立誠。則无以居之。知至至之。進德之事。知終終之。居業之事。所以終日乾乾而夕猶惕若者。以此故也。可上可下。不驕不憂。所謂无咎也。○九四曰。或躍在淵。无咎。何謂也。子曰。上下无常。非爲邪也。進退无恆。非離羣也。君子進德脩業。欲及時也。故无咎。離。去聲。○內卦以德學言。外卦以時位言。進德脩業。九三備矣。此則欲其及時而進也。○九五曰。飛龍在天。利見大人。何謂也。子曰。同聲相應。同氣相求。水流濕。火就燥。雲從龍。風從虎。聖人作而萬物覩。本乎天者親上。本乎地者親下。則各從其類也。應。去聲。○作。起也。物。猶人也。覩。釋利見之意也。本乎天者。謂動物。本乎地者。謂植物。物各從其類。聖人。人類之首也。故興起於上。則人皆見之。○上九曰。亢龍有悔。何謂也。子曰。貴而无位。高而无民。賢人在下位而无輔。是以動而有悔也。賢人在下位。謂九五以下。无輔。以上九過高志滿。不來輔助之也。○此第二節。申象傳之意。○潛龍勿用。下也。○見龍在田。時舍也。舍音捨。○言未爲時用也。○終日乾乾。行事也。○或躍在淵。自試也。未遽有爲。姑試其可。○飛龍在天上治也。治平聲。○居上以治下。○亢龍有悔窮之災也。○乾元用九天下治也。治去聲。○言乾元用九見與他卦不同君道剛而能柔天下无不治矣。○此第三節再申前意。○潛龍勿用陽氣潛藏。○見龍在田天下文明。雖不在上位然天下已被其化。○終日乾乾與時偕行。時當然也。○或躍在淵乾道乃革。離下而上變革之時。○飛龍在天乃位乎天德。天德即天位也蓋唯有是德乃宜居是位故以名之。○亢龍有悔與時偕極。○乾元用九乃見天則。剛而能柔天之法也。此第四節又申前意。○乾元者始而亨者也。始則必亨理勢然也。利貞者性情也。收斂歸藏乃見性情之實。乾始能以美利利天下不言所利大矣哉。始者元而亨也。利天下者利也。不言所利者貞也。或曰坤利牝馬則言所利矣。大哉乾乎剛健中正純粹精也。剛以體言健兼用言中者其行无過不及正者其立不偏。四者乾之德也。純者不雜於陰柔。粹者不雜於邪惡。蓋剛健中正之至極。而精者又純粹之至極也。或疑乾剛无柔不得言中正者不然也。天地之閒本一氣之流行而有動靜爾。以其流行之統體而言則但謂之乾而无所不包矣。以其動靜分之然後有陰陽剛柔之別也。六爻發揮旁通情也。旁通猶言曲盡。時乘六龍以御天也。雲行雨施天下平也。言聖人時乘六龍以御天則如天之雲行雨施而天下平也。○此第五節復申首章之意。○君子以成德為行日可見之行也。潛之為言也隱而未見行而未成是以君子弗用也。行並去聲。未見之見音現。○成德已成之德也。初九固成德。但其行未可見爾。○君子學以聚之問以辨之寬以居之仁以行之。易曰見龍在田利見大人君德也。蓋由四者以成大人之德。再言君德。以深明九二之為大人也。○九三重剛而不中上不在天下不在田故乾乾因其時而惕雖危无咎矣。重平聲下同。重剛謂陽爻陽位。○九四重剛而不中上不在天下不在田中不在人故或之。或之者疑之也故无咎。九四非重剛。重字疑衍。在人謂三。或者隨時而未定也。○夫大人者與天地合其德與日月合其明與四時合其序與鬼神合其吉凶。先天而天弗違後天而奉天時。天且弗違而況於人乎。況於鬼神乎。夫音扶。先後並去聲。○大人即釋爻辭所利見之大人也。有是德而當其位乃可以當之。人與天地鬼神本无二理。特蔽於有我之私。是以梏於形體而不能相通。大人无私以道為體。會何彼此先後之可言哉。先天不違。謂意之所為默與道契。後天奉天。謂知理如是奉而行之。回紇謂郭子儀曰。卜者言此行當見一大人而還。其占蓋與此合。若子儀者雖未及乎夫子之所論。然其至公无我。亦可謂當時之大人矣。○亢之為言也知進而不知退。知存而不知亡。知得而不知喪。喪去聲。所以動而有悔也。其唯聖人乎。知進退存亡而不失其正者。其唯聖人乎。知其理勢如是而處之以道則不至於有悔矣。固非計私以避害者也。再言其唯聖人乎。始若設問而卒自應之也。○此第六節。復申第二第三第四節之意。

☷ 坤下坤上

坤。元亨。利牝馬之貞。君子有攸往。先迷後得。主利。西南得朋。東北喪朋。安貞吉。牝頻忍反。喪去聲。○⚋者耦也。陰之數也。坤者。順也。陰之性也。註中者。三畫卦之名也。經中者。六畫卦之名也。陰之成形。莫大於地。此卦三畫皆耦。故名坤而象地。重之又得坤焉。則是陰之純。順之至。故其名與象皆不易也。牝馬。順而健行者。陽先陰後。陽主義。陰主利。西南。陰方。東北。陽方。安。順之爲也。貞。健之守也。遇此卦者。其占爲大亨。而利以順健爲正。如有所往。則先迷後得而主於利。往西南則得朋。往東北則喪朋。大抵能安於正則吉也。○彖曰。至哉坤元。萬物資生。乃順承天。此以地道明坤之義。而首言元也。至。極也。比大義差緩。始者。氣之始。生者。形之始。順承天施。地之道也。坤厚載物。德合无疆。含弘光大。品物咸亨。疆居良反。下同。○言亨也。德合无疆。謂配乾也。牝馬地類。行地无疆。柔順利貞。君子攸行。言利貞也。馬。乾之象。而以爲地類者。牝。陰物。而馬又行地之物也。行地无疆。則順而健矣。柔順利貞。坤之德也。君子攸行。人之所行如坤之德也。所行如是。則其占如下文所云也。先迷失道。後順得常。西南得朋。乃與類行。東北喪朋。乃終有慶。陽大陰小。陽得兼陰。陰不得兼陽。故坤之德常減於乾之半也。東北雖喪朋。然反之西南則終有慶矣。安貞之吉。應地无疆。安而且貞。地之德也。○象曰。地勢坤。君子以厚德載物。地。坤之象。亦一而已。故不言重。而言其勢之順。則見其高下相因之无窮。至順極厚而无所不載也。○初六。履霜。堅冰至。六。陰爻之名。陰數六老而八少。故謂陰爻爲六也。霜。陰氣所結。盛則水凍而爲冰。此爻陰始生於下。其端甚微。而其勢必盛。故其象如履霜則知堅冰之將至也。夫陰陽者。造化之本。不能相无。而消長有常。亦非人所能損益也。然陽主生。陰主殺。則其類有淑慝之分焉。故聖人作易。於其不能相无者。既以健順仁義之屬明之。而无所偏主。至其消長之際。淑慝之分。則未嘗不致其扶陽抑陰之意焉。蓋所以贊化育而參天地者。其旨深矣。不言其占者。謹微之意。已可見於象中矣。象曰。履霜堅冰。陰始凝也。馴致其道。至堅冰也。凝魚陵反。馴似遵反。○按魏志作初六履霜。今當從之。馴。順習也。○六二。直方大。不習无不利。柔順正固。坤之直也。賦形有定。坤之方也。德合无疆。坤之大也。六二柔順而中正。又得坤道之純者。故其德內直外方而又盛大。不待學習而无不利。占者有其德。則其占如是也。象曰。六二之動。直以方也。不習无不利。地道光也。○六三。含章可貞。或從王事。无成有終。六陰三陽。內含章美。可貞以守。然居下之上。不終含藏。故或時出而從上之事。則始雖无成。而後必有終。爻有此象。故戒占者有此德。則如此占也。象曰。含章可貞。以時發也。或從王事。知光大也。知音智。○六四。括囊。无咎无譽。括。古活反。譽。音餘。又音預。○括囊。言結囊口而不出也。譽者。過實之名。謹密如是。則无咎而亦无譽矣。六四重陰不中。故其象占如此。蓋或事當謹密。或時當隱遯也。象曰。括囊无咎。愼不害也。○六五。黃裳。元吉。黃。中色。裳。下飾。六五以陰居尊。中順之德。充諸內而見於外。故其象如此。而其占爲大善之吉也。占者德必如是。則其占亦如是矣。春秋傳。南蒯將叛。筮得此爻。以爲大吉。子服惠伯曰。忠信之事則可。不然必敗。外彊內溫。忠也。和以率貞。信也。故曰黃裳元吉。黃。中之色也。裳。下之飾也。元。善之長也。中不忠。不得其色。下不共。不得其飾。事不善。不得其極。且夫易不可以占險。三者有闕。筮雖當。未也。後蒯果敗。此可以見占法矣。象曰。黃裳元吉。文在中也。文在中而見於外也。○上六。龍戰于野。其血玄黃。陰盛之極。至與陽爭。兩敗俱傷。其象如此。占者如是。其凶可知。象曰。龍戰于野。其道窮也。○用六。利永貞。用六。言凡筮得陰爻者。皆用六而不用八。亦通例也。以此卦純陰而居首。故發之。遇此卦而六爻俱變者。其占如此。辭蓋陰柔而不能固守。變而爲陽。則能永貞矣。故戒占者以利永貞。卽乾之利貞也。自坤而變。故不足於元亨云。象曰。用六永貞。以大終也。初陰後陽。故曰大終。○文言曰。坤至柔而動也剛。至靜而德方。剛方。釋牝馬之貞也。方。謂生物有常。後得主而有常。程傳曰。主下當有利字。含萬物而化光。復明亨義。坤道其順乎。承天而時行。復明順承天之義。○此以上。申彖傳之意。○積善之家。必有餘慶。積不善之家。必有餘殃。臣弑其君。子弑其父。非一朝一夕之故。其所由來者漸矣。由辯之不早辯也。易曰。履霜堅冰至。蓋言順也。古字順愼通用。按此當作愼。言當辯之於微也。○直其正也。方其義也。君子敬以直內。義以方外。敬義立而德不孤。直方大。不習无不利。則不疑其所行也。此以學而言之也。正。謂本體。義。謂裁制。敬則本體之守也。直內方外。程傳備矣。不孤。言大也。疑故習而後利。不疑則何假於習。○傳曰。直言其正也。方言其義也。君子主敬以直其內。守義以方其外。敬立而內直。義形而外方。義形於外。非在外也。敬義旣立。其德盛矣。不期大而大矣。德不孤也。无所用而不周。无所施而不利。孰爲疑乎。○陰雖有美含之。以從王事。弗敢成也。地道也。妻道也。臣道也。地道无成而代有終也。○天地變化。草木蕃。天地閉。賢人隱。易曰。括囊无咎无譽。蓋言謹也。○君子黃中通理。黃中。言中德在內。釋黃字之義也。正位居體。雖在尊位。而居下體。釋裳字之義也。美在其中。而暢於四支。發於事業。美之至也。美在其中。復釋黃中。暢於四支。復釋居體。○陰疑於陽必戰。爲其嫌於无陽也。故稱龍焉。猶未離其類也。故稱血焉。夫玄黃者。天地之雜也。天玄而地黃。為于僞反。離力智反。夫音扶。○疑謂鈞敵而无小大之差也。坤雖无陽。然陽未嘗无也。血陰屬。蓋氣陽而血陰也。玄黃天地之正色。言陰陽皆傷也。○此以上申象傳之意。

䷂ 震下坎上

屯。元亨利貞。勿用有攸往。利建侯。屯張倫反。○震坎皆三畫卦之名。震一陽動於二陰之下。故其德為動。其象為雷。坎一陽陷於二陰之間。故其德為陷。為險。其象為雲。為雨。為水。屯六畫卦之名也。難也。物始生而未通之意。故其為字象屮穿地始出而未申也。其卦以震遇坎。乾坤始交而遇險陷。故其名為屯。震動在下。坎險在上。是能動乎險中。能動雖可以亨。而在險則宜守正。而未可遽進。故筮得之者。其占為大亨而利於正。但未可遽有所往耳。又初九陽居陰下。而為成卦之主。是能以賢下人。得民而可君之象。故筮立君者遇之則吉也。

○彖曰。屯。剛柔始交而難生。難去聲。六二象同。○以二體釋卦名義。始交謂震。難生謂坎。動乎險中。大亨貞。以二體之德釋卦辭。動震之為也。險坎之地也。自此以下釋元亨利貞。乃用文王本意。雷雨之動滿盈。天造草昧。宜建侯而不寧。以二體之象釋卦辭。雷震象。雨坎象。天造猶言天運。草雜亂。昧晦冥也。陰陽交而雷雨作。雜亂晦冥。塞乎兩間。天下未定。名分未明。宜立君以統治。而未可遽謂安寧之時也。不取初九爻義者。取義多端。姑舉其一也。

○象曰。雲雷屯。君子以經綸。坎不言水而言雲者。未通之意。經綸治絲之事。經引之。綸理之也。屯難之世。君子有為之時也。

○初九。磐桓。利居貞。利建侯。磐步干反。○磐桓。難進之貌。屯難之初。以陽在下。又居動體。而上應陰柔險陷之爻。故有磐桓之象。然居得其正。故其占利於居貞。又本成卦之主。以陽下陰。為民所歸。侯之象也。故其象又如此。而占者如是。則利建以為侯也。

象曰。雖磐桓。志行正也。以貴下賤。大得民也。下遐嫁反。

○六二。屯如邅如。乘馬班如。匪寇婚媾。女子貞不字。十年乃字。邅張連反。乘繩澄反。又音繩。○班分布不進之貌。字許嫁也。禮曰。女子許嫁。笄而字。六二陰柔中正。有應於上。而乘初剛。故為所難而邅回不進。然初非為寇也。乃求與己為婚媾耳。但己守正。故不之許。至於十年。數窮理極。則妄求者去。正應者合。而可許矣。爻有此象。故因以戒占者。

象曰。六二之難。乘剛也。十年乃字。反常也。

○六三。即鹿无虞。惟入于林中。君子幾不如舍。往吝。幾音機。舍音捨。象同。○陰柔居下。不中不正。上无正應。妄行取困。為逐鹿无虞陷入林中之象。君子見幾。不如舍去。若往逐而不舍。必致羞吝。戒占者宜如是也。

象曰。即鹿无虞。以從禽也。君子舍之。往吝窮也。

○六四。乘馬班如。求婚媾。往吉。无不利。陰柔居屯。不能上進。故為乘馬班如之象。然初九守正居下。以應於己。故其占為下求婚媾則吉也。

象曰。求而往。明也。

○九五。屯其膏。小貞吉。大貞凶。九五雖以陽剛中正居尊位。然當屯之時。陷於險中。雖有六二正應。而陰柔才弱。不足以濟。初九得民於下。衆皆歸之。九五坎體。有膏潤而不得施。爲屯其膏之象。占者以處小事。則守正猶可獲吉。以處大事。則雖正而不免於凶。象曰。屯其膏。施未光也。施。始豉反。○上六。乘馬班如。泣血漣如。陰柔无應。處屯之終。進无所之。憂懼而已。故其象如此。象曰。泣血漣如。何可長也。長。直良反。

䷃ 坎下艮上

蒙。亨。匪我求童蒙。童蒙求我。初筮告。再三瀆。瀆則不告。利貞。告。音谷。三。息暫反。瀆。音獨。○艮。亦三畫卦之名。一陽止於二陰之上。故其德爲止。其象爲山。蒙。昧也。物生之初。蒙昧未明也。其卦以坎遇艮。山下有險。蒙之地也。內險外止。蒙之意也。故其名爲蒙。亨以下。占辭也。九二內卦之主。以剛居中。能發人之蒙者。而與六五陰陽相應。故遇此卦者。有亨道也。我。二也。童蒙。幼穉而蒙昧。謂五也。筮者明。則人當求我而其亨在人。筮者暗。則我當求人而亨在我。人求我者。當視其可否而應之。我求人者。當致其精一而扣之。而明者之養蒙。與蒙者之自養。又皆利於以正也。○彖曰。蒙。山下有險。險而止。蒙。以卦象卦德釋卦名。有兩義。蒙亨。以亨行時中也。匪我求童蒙。童蒙求我。志應也。初筮告。以剛中也。再三瀆。瀆則不告。瀆蒙也。蒙以養正。聖功也。以卦體釋卦辭也。九二以可亨之道。發人之蒙。而又得其時之中。謂如下文所指之事。皆以亨行而當其可也。志應者。二剛明。五柔暗。故二不求五。而五求二。其志自相應也。以剛中者。以剛而中。故能告而有節也。瀆。筮者二三。則問者固瀆。而告者亦瀆矣。蒙以養正。乃作聖之功。所以釋利貞之義也。○象曰。山下出泉。蒙。君子以果行育德。行。下孟反。六三象同。泉。水之始出者。必行而有漸也。○初六。發蒙。利用刑人。用說桎梏。以往吝。說。吐活反。桎。音質。梏。古毒反。○以陰居下。蒙之甚也。占者遇此。當發其蒙。然發之之道。當痛懲而暫舍之。以觀其後。若遂往而不舍。則致羞吝矣。戒占者當如是也。象曰。利用刑人。以正法也。發蒙之初。法不可不正。懲戒所以正法也。○九二。包蒙吉。納婦吉。子克家。九二以陽剛爲內卦之主。統治羣陰。當發蒙之任者。然所治既廣。物性不齊。不可一槩取必。而爻之德。剛而不過。爲能有所包容之象。又以陽受陰。爲納婦之象。又居下位而能任上事。爲子克家之象。故占者有其德而當其事。則如是而吉也。象曰。子克家。剛柔接也。指二五之應。○六三。勿用取女。見金夫。不有躬。无攸利。取。七具反。○六三陰柔不中不正。女之見金夫而不能有其身之象也。占者遇之。則其取女必得如是之人。无所利矣。金夫。蓋以金賂已而挑之。若魯秋胡之爲者。象曰。勿用取女。行不順也。順。當作愼。蓋順愼古字通用。荀子順墨作愼墨。且行不愼於經意尤親切。今當從之。○六四。困蒙。吝。既遠於陽。又无正應。爲困於蒙之象。占者如是。可羞吝也。能求剛明之德而親近之。則可免矣。象曰。困蒙之吝。獨遠實也。遠，于萬反。實，叶韻去聲。○六五。童蒙，吉。柔中居尊，下應九二，純一未發，以聽於人，故其象爲童蒙，而其占爲如是則吉也。象曰：童蒙之吉，順以巽也。○上九。擊蒙，不利爲寇，利禦寇。以剛居上，治蒙過剛，故爲擊蒙之象。然取必太過，攻治太深，則必反爲之害。惟捍其外誘，以全其眞純，則雖過於嚴密，乃爲得宜。故戒占者如此。凡事皆然，不止爲誨人也。象曰：利用禦寇，上下順也。禦寇以剛，上下皆得其道。

䷄ 乾下坎上

需，有孚，光亨，貞吉，利涉大川。需，待也。以乾遇坎，乾健坎險，以剛遇險，而不遽進以陷於險，待之義也。孚，信之在中者也。其卦九五以坎體中實，陽剛中正而居尊位，爲有孚得正之象。坎水在前，乾健臨之，將涉水而不輕進之象。故占者爲有所待而能有信，則光亨矣。若又得正，則吉而利涉大川。正固无所不利，而涉川尤貴於能待，則不欲速而犯難也。

象曰：需，須也，險在前也。剛健而不陷，其義不困窮矣。此以卦德釋卦名義。需有孚，光亨，貞吉，位乎天位，以正中也。利涉大川，往有功也。以卦體及兩象釋卦辭。○象曰：雲上於天，需。君子以飲食宴樂。上，上聲。樂，音洛。○雲上於天，无所復爲，待其陰陽之和而自雨爾。事之當需者，亦不容更有所爲，但飲食宴樂，俟其自至而已。一有所爲，則非需也。○初九。需于郊，利用恆，无咎。郊，曠遠之地，未近於險之象也。而初九陽剛，又有能恆於其所之象，故戒占者能如是則无咎也。象曰：需于郊，不犯難行也。利用恆无咎，未失常也。難，去聲。○九二。需于沙，小有言，終吉。沙，則近於險矣。言語之傷，亦災害之小者。漸進近坎，故有此象。剛中能需，故得終吉。戒占者當如是也。象曰：需于沙，衍在中也。雖小有言，以吉終也。衍，以善反。○衍，寬意。以寬居中，不急進也。○九三。需于泥，致寇至。泥，將陷於險矣。寇，則害之大者。九三去險愈近而過剛不中，故其象如此。象曰：需于泥，災在外也。自我致寇，敬慎不敗也。外，謂外卦。敬慎不敗，發明占外之占，聖人示人之意切矣。○六四。需于血，出自穴。血者，殺傷之地。穴者，險陷之所。四交坎體，入乎險矣，故爲需于血之象。然柔得其正，需而不進，故又爲出自穴之象。占者如是，則雖在傷地而終得出也。象曰：需于血，順以聽也。○九五。需于酒食，貞吉。酒食，宴樂之具，言安以待之。九五陽剛中正，需于尊位，故有此象。占者如是而貞固，則得吉也。象曰：酒食貞吉，以中正也。○上六。入于穴，有不速之客三人來，敬之終吉。陰居險極，无復有需，有陷而入穴之象。下應九三，九三與下二陽需極並進，爲不速客三人之象。柔不能禦而能順之，有敬之之象。占者當陷險中，然於非意之來，敬以待之，則得終吉也。象曰：不速之客來，敬之終吉。雖不當位，未大失也。當，都浪反。後凡言當位、不當位者倣此。○以陰居上，是爲當位。言不當位，未詳。

䷅ 坎下乾上

訟。有孚窒。惕中吉。終凶。利見大人。不利涉大川。窒，張栗反。○訟，爭辯也。上乾下坎，乾剛坎險，上剛以制其下，下險以伺其上，又爲內險而外健，又爲己險而彼健，皆訟之道也。九二中實，上无應與，又爲加憂。且於卦變自遯而來，爲剛來居二，而當下卦之中，有有孚而見窒，能懼而得中之象。上九過剛，居訟之極，有終極其訟之象。九五剛健中正，以居尊位，有大人之象。以剛乘險，以實履陷，有不利涉大川之象。故戒占者必有爭辯之事，而隨其所處爲吉凶也。

○彖曰。訟，上剛下險，險而健，訟。以卦德釋卦名義。訟有孚窒惕中吉，剛來而得中也。終凶，訟不可成也。利見大人，尚中正也。不利涉大川，入于淵也。以卦變卦體卦象釋卦辭。

○象曰。天與水違行，訟。君子以作事謀始。天上水下，其行相違。作事謀始，訟端絕矣。

○初六。不永所事，小有言，終吉。陰柔居下，不能終訟，故其象占如此。象曰。不永所事，訟不可長也。雖小有言，其辯明也。

○九二。不克訟，歸而逋，其邑人三百戶，无眚。逋，補吳反。眚，生領反。○九二陽剛，爲險之主，本欲訟者也。然以剛居柔，得下之中，而上應九五，陽剛居尊，勢不可敵，故其象占如此。邑人三百戶，邑之小者。言自處卑約，以免災患。占者如是，則无眚矣。象曰。不克訟，歸逋竄也。自下訟上，患至掇也。竄，七亂反。掇，都活反。○掇，自取也。

○六三。食舊德，貞厲，終吉。或從王事，无成。食，猶食邑之食，言所享也。六三陰柔，非能訟者，故守舊居正，則雖危而終吉。然或出而從上之事，則亦必无成功。占者守常而不出，則善也。象曰。食舊德，從上吉也。從上吉，謂隨人則吉。明自主事，則无成功也。

○九四。不克訟，復即命，渝安貞吉。渝，以朱反。○即，就也。命，正理也。渝，變也。九四剛而不中，故有訟象。以其居柔，故又爲不克而復就正理，渝變其心，安處於正之象。占者如是則吉也。象曰。復即命渝，安貞不失也。

○九五。訟元吉。陽剛中正以居尊位，聽訟而得其平者也。占者遇之，訟而有理，必獲伸矣。象曰。訟元吉，以中正也。中則聽不偏，正則斷合理。

○上九。或錫之鞶帶，終朝三褫之。褫，敕紙反。○鞶帶，命服之飾。褫，奪也。以剛居訟極，終訟而能勝之，故有錫命受服之象。然以訟得之，豈能安久，故又有終朝三褫之之象。其占爲終訟无理而或取勝，然其所得終必失之。聖人爲戒之意深矣。象曰。以訟受服，亦不足敬也。

䷆ 坎下坤上

師。貞丈人吉，无咎。師，兵衆也。下坎上坤，坎險坤順，坎水坤地。古者寓兵於農，伏至險於大順，藏不測於至靜之中。又卦唯九二一陽居下卦之中，爲將之象。上下五陰順而從之，爲衆之象。九二以剛居下而用事，六五以柔居上而任之，爲人君命將出師之象。故其卦之名曰師。丈人，長老之稱。用師之道，利於得正，而任老成之人，乃得吉而无咎。戒占者亦必如是也。○

彖曰。師。衆也。貞。正也。能以衆正。可以王矣。王。往況反。○此以卦體釋師貞之義。以。謂能左右之也。一陽在下之中。而五陰皆爲所以也。能以衆正。則王者之師矣。剛中而應。行險而順。以此毒天下而民從之。吉又何咎矣。又以卦體卦德釋丈人吉无咎之義。剛中。謂九二。應。謂六五應之。行險。謂行危道。順。謂順人心。此非有老成之德者不能也。毒。害也。師旅之興。不无害於天下。然以其有是才德。是以民悅而從之也。

○象曰。地中有水。師。君子以容民畜衆。畜。許六反。○水不外於地。兵不外於民。故能養民。則可以得衆矣。

○初六。師出以律。否臧凶。律。法也。否臧。謂不善也。晁氏曰。否字。先儒多作不。是也。在卦之初。爲師之始。出師之道。當謹其始。以律則吉。不臧則凶。戒占者當謹始而守法也。象曰。師出以律。失律凶也。

○九二。在師中。吉。无咎。王三錫命。九二在下。爲衆陰所歸。而有剛中之德。上應於五。而爲所寵任。故其象占如此。象曰。在師中吉。承天寵也。王三錫命。懷萬邦也。

○六三。師或輿尸。凶。輿尸。謂師徒撓敗。輿尸而歸也。以陰居陽。才弱志剛。不中不正。而犯非其分。故其象占如此。象曰。師或輿尸。大无功也。

○六四。師左次。无咎。左次。謂退舍也。陰柔不中。而居陰得正。故其象如此。全師以退。賢於六三遠矣。故其占如此。象曰。左次无咎。未失常也。知難而退。師之常也。

○六五。田有禽。利執言。无咎。長子帥師。弟子輿尸。貞凶。長。之丈反。○六五用師之主。柔順而中。不爲兵端者也。敵加於己。不得已而應之。故爲田有禽之象。而其占利以搏執而无咎也。言。語辭也。長子。九二也。弟子。三四也。又戒占者專於委任。若使君子任事。而又使小人參之。則是使之輿尸而歸。故雖貞而亦不免於凶也。象曰。長子帥師。以中行也。弟子輿尸。使不當也。當。去聲。

○上六。大君有命。開國承家。小人勿用。師之終。順之極。論功行賞之時也。坤爲土。故有開國承家之象。然小人則雖有功。亦不可使之得有爵土。但優以金帛可也。戒行賞之人。於小人則不可用此占。而小人遇之。亦不得用此爻也。象曰。大君有命。以正功也。小人勿用。必亂邦也。聖人之戒深矣。

䷇ 坤下 坎上

比。吉。原筮元永貞。无咎。不寧方來。後夫凶。比。毗意反。○比。親輔也。九五以陽剛居上之中而得其正。上下五陰。比而從之。以一人而撫萬邦。以四海而仰一人之象。故筮者得之。則當爲人所親輔。然必再筮以自審。有元善長永正固之德。然後可以當衆之歸而无咎。其未比而有所不安者。亦將皆來歸之。若又遲而後至。則此交已固。彼來已晚。而得凶矣。若欲比人。則亦以是而反觀之耳。

○象曰。比。吉也。此三字疑衍文。比。輔也。下順從也。此以卦體釋卦名義。原筮元永貞。无咎。以剛中也。不寧方來。上下應也。後夫凶。其道窮也。亦以卦體釋卦辭。剛中。謂五。上下。謂五陰。

○象曰。地上有水。比。

先王以建萬國，親諸侯。地上有水，水比於地，不容有間。建國親侯，亦先王所以比於天下而无間者也。彖意人來比我，此取我往比人。○初六，有孚比之，无咎。有孚盈缶，終來有他吉。缶，俯九反。他，湯何反。○比之初，貴乎有信，則可以无咎矣。若其充實，則又有他吉也。象曰：比之初六，有他吉也。

○六二，比之自內，貞吉。柔順中正，上應九五，自內比外，而得其貞吉之道也。占者如是，則正而吉矣。象曰：比之自內，不自失也。得正則不自失矣。

○六三，比之匪人。陰柔不中正，承乘應皆陰，所比皆非其人之象。其占大凶，不言可知。象曰：比之匪人，不亦傷乎。

○六四，外比之，貞吉。以柔居柔，外比九五，爲得其正，吉之道也。占者如是，則正而吉矣。象曰：外比於賢，以從上也。

○九五，顯比。王用三驅，失前禽，邑人不誡，吉。一陽居尊，剛健中正，卦之羣陰皆來比己，顯其比而无私。如天子不合圍，開一面之網，來者不拒，去者不追。故爲用三驅，失前禽，而邑人不誡之象。蓋雖私屬，亦喻上意，不相警備以求必得也。凡此皆吉之道，占者如是則吉也。象曰：顯比之吉，位正中也。舍逆取順，失前禽也。邑人不誡，上使中也。舍，音捨。○由上之德，使不偏也。

○上六，比之无首，凶。陰柔居上，无以比下，凶之道也。故爲无首之象，而其占則凶也。象曰：比之无首，无所終也。以上下之象言之，則爲无首；以終始之象言之，則爲无終。无首則无終矣。

䷈ 乾下巽上

小畜，亨。密雲不雨，自我西郊。畜，敕六反。大畜卦同。○巽亦三畫卦之名。一陰伏於二陽之下，故其德爲巽爲入，其象爲風爲木。小，陰也。畜，止之之義也。上巽下乾，以陰畜陽。又卦唯六四一陰，上下五陽皆爲所畜，故爲小畜。又以陰畜陽，能係而不能固，亦爲所畜者小之象。內健外巽，二五皆陽，各居一卦之中而用事，有剛而能中，其志得行之象，故其占當得亨通。然畜未極而施未行，故有密雲不雨自我西郊之象。蓋密雲，陰物；西郊，陰方；我者，文王自我也。文王演易於羑里，視岐周爲西方，正小畜之時也。筮者得之，則占亦如其象云。

○彖曰：小畜，柔得位而上下應之，曰小畜。以卦體釋卦名義。柔得位，指六居四。上下，謂五陽。健而巽，剛中而志行，乃亨。以卦德卦體而言，陽猶可亨也。密雲不雨，尚往也。自我西郊，施未行也。施，始豉反。○尚往，言畜之未極，其氣猶上進也。

○象曰：風行天上，小畜。君子以懿文德。風有氣而无質，能畜而不能久，故爲小畜之象。懿文德，言未能厚積而遠施也。

○初九，復自道，何其咎，吉。復，芳六反，二爻同。○下卦乾體，本皆在上之物，志欲上進，而爲陰所畜。然初九體乾，居下得正，前遠於陰，雖與四爲正應，而能自守以正，不爲所畜，故有進復自道之象。占者如是，則无咎而吉也。象曰：復自道，其義吉也。

○九二，牽復，吉。三陽志同，而九二漸近於陰，以其剛中，故能與初九牽連而復，亦吉道也。占者如是，則吉矣。象曰：牽復在中，亦不自失也。亦者承上爻義。○九三。輿說輻。夫妻反目。說吐活反。○九三亦欲上進。然剛而不中。迫近於陰。而又非正應。但以陰陽相說而爲所係畜。不能自進。故有輿說輻之象。然以志剛。故又不能平而與之爭。故又爲夫妻反目之象。戒占者如是則不得進而有所爭也。象曰。夫妻反目。不能正室也。程子曰。說輻反目。三自爲也。○六四。有孚。血去惕出。无咎。去上聲。○以一陰畜衆陽。本有傷害憂懼。以其柔順得正。虛中巽體。二陽助之。是有孚而血去惕出之象也。无咎宜矣。故戒占者亦有其德。則无咎也。象曰。有孚惕出。上合志也。○九五。有孚攣如。富以其鄰。攣力專反。○巽體三爻同力畜乾。鄰之象也。而九五居中處尊。勢能有爲。以兼乎上下。故爲有孚攣固。用富厚之力而以其鄰之象。以猶春秋以某師之以。言能左右之也。占者有孚。則能如是也。象曰。有孚攣如。不獨富也。○上九。既雨既處。尚德載。婦貞厲。月幾望。君子征凶。幾音機。歸妹卦同。○畜極而成。陰陽和矣。故爲既雨既處之象。蓋尊尚陰德。至於積滿而然也。陰加於陽。故雖正亦厲。然陰既盛而抗陽。則君子亦不可以有行矣。其占如此。爲戒深矣。象曰。既雨既處。德積載也。君子征凶。有所疑也。

☱☰ 兌下 乾上

履虎尾。不咥人。亨。咥直結反。○兌亦三畫卦之名。一陰見於二陽之上。故其德爲說。其象爲澤。履有所躡而進之義也。以兌遇乾。和說以躡剛強之後。有履虎尾而不見傷之象。故其卦爲履。而占如是也。人能如是。則處危而不傷矣。○象曰。履。柔履剛也。以二體釋卦名義。說而應乎乾。是以履虎尾。不咥人。亨。說音悅。○以卦德釋彖辭。剛中正。履帝位而不疚。光明也。又以卦體明之。指九五也。○象曰。上天下澤。履。君子以辯上下。定民志。程傳備矣。○傳曰。天在上。澤居下。上下之正理也。人之所履當如是。故取其象而爲履。君子觀履之象。以辯別上下之分。以定其民志。夫上下之分明。然後民志有定。民志定。然後可以言治。民志不定。天下不可得而治也。古之時。公卿大夫而下。位各稱其德。終身居之。得其分也。位未稱德。則君舉而進之。士脩其學。學至而君求之。皆非有預於己也。農工商賈勤其事。而所享有限。故皆有定志。而天下之心可一。後世自庶士至於公卿。日志於尊榮。農工商賈。日志於富侈。億兆之心。交騖於利。天下紛然。如之何其可一也。欲其不亂。難矣。此由上下无定志也。君子觀履之象。而分辯上下。使各當其分。以定民之心志也。○初九。素履。往无咎。以陽在下。居履之初。未爲物遷。率其素履者也。占者如是。則往而无咎也。象曰。素履之往。獨行願也。○九二。履道坦坦。幽人貞吉。剛中在下。无應於上。故爲履道平坦。幽獨守貞之象。幽人履道而遇其占。則貞而吉矣。象曰。幽人貞吉。中不自亂也。○六三。眇能視。跛能履。履虎尾。咥人凶。武人爲于大君。跛波我反。○六三不中不正。柔而志剛。以此履乾。必見傷害。故其象如此。而占者凶。又爲剛武之人。得志而肆暴之象。如秦政項籍。豈能久也。象曰。眇能視。不足以有明也。跛能履。不足以與行也。

咥人之凶。位不當也。武人爲于大君。志剛也。○九四。履虎尾。愬愬終吉。愬。山革反。音色。○九四亦以不中不正。履九五之剛。然以剛居柔。故能戒懼而得終吉。象曰。愬愬終吉。志行也。○九五。夬履。貞厲。夬。古快反。○九五以剛中正。履帝位。而下以兌說應之。凡事必行。无所疑礙。故其象爲夬決其履。雖使得正。亦危道也。故其占爲雖正而危。爲戒深矣。象曰。夬履貞厲。位正當也。傷於所恃。○上九。視履考祥。其旋元吉。視履之終。以考其祥。周旋无虧。則得元吉。占者禍福。視其所履而未定也。象曰。元吉在上。大有慶也。若得元吉。則大有福慶也。

䷊ 乾下坤上

泰。小往大來。吉亨。泰。通也。爲卦天地交而二氣通。故爲泰。正月之卦也。小。謂陰。大。謂陽。言坤往居外。乾來居內。又自歸妹來。則六往居四。九來居三也。占者有陽剛之德。則吉而亨矣。○象曰。泰。小往大來。吉亨。則是天地交而萬物通也。上下交而其志同也。內陽而外陰。內健而外順。內君子而外小人。君子道長。小人道消也。長。丁丈反。否卦同。○象曰。天地交泰。后以財成天地之道。輔相天地之宜。以左右民。財。裁同。相。息亮反。左。音佐。右。音佑。○財成以制其過。輔相以補其不及。○初九。拔茅茹。以其彙。征吉。茹。人余反。彙。于位反。音胃。否卦同。○三陽在下。相連而進。拔茅連茹之象。征行之吉也。占者陽剛。則其征吉矣。郭璞洞林讀至彙字絕句。下卦放此。象曰。拔茅征吉。志在外也。○九二。包荒。用馮河。不遐遺。朋亡。得尚于中行。馮。音憑。○九二以剛居柔在下之中。上有六五之應。主乎泰而得中道者也。占者能包容荒穢而果斷剛決。不遺遐遠而不昵朋比。則合乎此爻中行之道矣。象曰。包荒得尚于中行。以光大也。○九三。无平不陂。无往不復。艱貞无咎。勿恤其孚。于食有福。將過於中。泰將極而否欲來之時也。恤。憂也。孚。所期之信也。戒占者艱難守貞。則无咎而有福。象曰。无往不復。天地際也。○六四。翩翩。不富以其鄰。不戒以孚。已過乎中。泰已極矣。故三陰翩然而下復。不待富而其類從之。不待戒令而信也。其占爲有小人合交以害正道。君子所當戒也。陰虛陽實。故凡言不富者。皆陰爻也。象曰。翩翩不富。皆失實也。不戒以孚。中心願也。陰本居下。在上爲失實。○六五。帝乙歸妹。以祉元吉。以陰居尊。爲泰之主。柔中虛己。下應九二。吉之道也。而帝乙歸妹之時。亦嘗占得此爻。占者如是。則有祉而元吉矣。凡經以古人爲言。如高宗箕子之類者。皆放此。象曰。以祉元吉。中以行願也。○上六。城復于隍。勿用師。自邑告命。貞吝。復。房六反。下同。○泰極而否。城復于隍之象。戒占者不可力爭。但可自守。雖得其貞。亦不免於羞吝。象曰。城復于隍。其命亂也。命亂故復否。告命所以治之也。○治。平聲。

䷋ 坤下乾上

否之匪人，不利君子貞，大往小來。否備鄙反。○否，閉塞也。七月之卦也。正與泰反，故曰匪人。否非人道也。其占不利於君子之正道。蓋乾往居外，坤來居內。又自漸卦而來，則九往居四，六來居三也。或疑之匪人三字衍文，由比六三而誤也。傳不特解，其義亦可見。○彖曰：否之匪人，不利君子貞，大往小來，則是天地不交而萬物不通也，上下不交而天下无邦也。內陰而外陽，內柔而外剛，內小人而外君子。小人道長，君子道消也。○象曰：天地不交，否。君子以儉德辟難，不可榮以祿。辟音避。難去聲。○收斂其德，不形於外，以避小人之難。人不得以祿位榮之。○初六：拔茅茹，以其彙，貞吉亨。三陰在下，當否之時，小人連類而進之象，而初之惡則未形也。故戒其貞則吉而亨。蓋能如是則變而爲君子矣。象曰：拔茅貞吉，志在君也。小人而變爲君子，則能以愛君爲念，而不計其私矣。○六二：包承，小人吉，大人否亨。陰柔而中正，小人而能包容承順乎君子之象，小人之吉道也。故占者小人如是則吉，大人則當安守其否而後道亨。蓋不可以彼包承於我而自失其守也。象曰：大人否亨，不亂羣也。言不亂於小人之羣。○六三：包羞。以陰居陽而不中正，小人志於傷善而未能也，故爲包羞之象。然以其未發，故无凶咎之戒。象曰：包羞，位不當也。○九四：有命无咎，疇離祉。否過中矣，將濟之時也。九四以陽居陰，不極其剛，故其占爲有命无咎，而疇類三陽皆獲其福也。命謂天命。象曰：有命无咎，志行也。○九五：休否，大人吉。其亡其亡，繫于苞桑。苞與包同，古易作包。○陽剛中正以居尊位，能休時之否，大人之事也。故此爻之占，大人遇之則吉。然又當戒懼，如繫辭傳所云也。象曰：大人之吉，位正當也。○上九：傾否，先否後喜。以陽剛居否極，能傾時之否者也。其占爲先否後喜。象曰：否終則傾，何可長也。

䷌ 離下乾上

同人于野，亨。利涉大川，利君子貞。離亦三畫卦之名。一陰麗於二陽之閒，故其德爲麗、爲文明，其象爲火、爲日、爲電。同人，與人同也。以離遇乾，火上同於天，六二得位得中而上應九五，又卦唯一陰而五陽同與之，故爲同人。于野，謂曠遠而无私也，有亨道矣。以健而行，故能涉川。爲卦內文明而外剛健，六二中正而有應，則君子之道也。占者能如是，則亨而又可涉險。然必其所同合於君子之道，乃爲利也。○彖曰：同人，柔得位得中而應乎乾，曰同人。以卦體釋卦名義。柔謂六二，乾謂九五。同人曰衍文。同人于野，亨，利涉大川，乾行也。文明以健，中正而應，君子正也。唯君子爲能通天下之志。以卦德卦體。釋卦辭。通天下之志。乃爲大同。不然。則是私情之合而已。何以致亨而利涉哉。○象曰。天與火。同人。君子以類族辨物。天在上而火炎上。其性同也。類族辨物。所以審異而致同也。○初九。同人于門。无咎。同人之初。未有私主。以剛在下。上无係應。可以无咎。故其象占如此。○象曰。出門同人。又誰咎也。○六二。同人于宗。吝。宗。黨也。六二雖中且正。然有應於上。不能大同而係於私。吝之道也。故其象占如此。○象曰。同人于宗。吝道也。○九三。伏戎于莽。升其高陵。三歲不興。莽。莫蕩反。○剛而不中。上无正應。欲同於二而非其正。懼九五之見攻。故有此象。○象曰。伏戎于莽。敵剛也。三歲不興。安行也。言不能行。○九四。乘其墉。弗克攻。吉。墉音庸。○剛不中正。又无應與。亦欲同於六二而爲三所隔。故爲乘墉以攻之象。然以剛居柔。故有自反而不克攻之象。占者如是。則是能改過而得吉也。象曰。乘其墉。義弗克也。其吉。則困而反則也。乘其墉矣。則非其力之不足也。特以義之弗克而不攻耳。能以義斷。困而反於法則。故吉也。○九五。同人先號咷而後笑。大師克相遇。號。戶羔反。咷。道刀反。旅卦同。○五剛中正。二以柔中正相應於下。同心者也。而爲三四所隔。不得其同。然義理所同。物不得而間之。故有此象。然六二柔弱而三四剛強。故必用大師以勝之。然後得相遇也。象曰。同人之先。以中直也。大師相遇。言相克也。直謂理直。○上九。同人于郊。无悔。居外无應。物莫與同。然亦可以无悔。故其象占如此。郊在野之內。未至於曠遠。但荒僻无與同耳。象曰。同人于郊。志未得也。

☲☰ 離上乾下

大有。元亨。大有。所有之大也。離居乾上。火在天上。无所不照。又六五一陰居尊得中。而五陽應之。故爲大有。乾健離明。居尊應天。有亨之道。占者有其德。則大善而亨也。○象曰。大有。柔得尊位大中。而上下應之。曰大有。以卦體釋卦名義。柔謂六五。上下謂五陽。其德剛健而文明。應乎天而時行。是以元亨。以卦德卦體釋卦辭。應天指六五也。○象曰。火在天上。大有。君子以遏惡揚善。順天休命。火在天上。所照者廣。爲大有之象。所有既大。无以治之。則釁蘖萌於其間矣。天命有善而无惡。故遏惡揚善。所以順天。反之於身。亦若是而已矣。○初九。无交害。匪咎。艱則无咎。雖當大有之時。然以陽居下。上无係應。而在事初。未涉乎害者也。何咎之有。然亦必艱以處之。則无咎。戒占者宜如是也。○象曰。大有初九。无交害也。○九二。大車以載。有攸往。无咎。剛中在下。得應乎上。爲大車以載之象。有所往而如是。可以无咎矣。占者必有此德。乃應其占也。象曰。大車以載。積中不敗也。○九三。公用亨于天子。小人弗克。亨。春秋傳作享。謂朝獻也。古者亨通之亨。享獻之享。烹飪之亨。皆作亨字。九三居下之上。公侯之象。

剛而得正。上有六五之君。虛中下賢。故爲亨于天子之象。占者有其德。則其占如是。小人无剛正之德。則雖得此爻。不能當也。**象曰。公用亨于天子。小人害也。**○**九四。匪其彭。无咎。**彭。蒲光反。音旁。○彭字音義未詳。程傳曰。盛貌。理或當然。六五柔中之君。九四以剛近之。有僭逼之嫌。然以其處柔也。故有不極其盛之象。而得无咎。戒占者宜如是也。**象曰。匪其彭无咎。明辨晳也。**晳。明貌。○**六五。厥孚交如。威如。吉。**大有之世。柔順而中。以處尊位。虛已以應九二之賢。而上下歸之。是其孚信之交也。然君道貴剛。太柔則廢。當以威濟之則吉。故其象占如此。亦戒辭也。**象曰。厥孚交如。信以發志也。**一人之信。足以發上下之志也。**威如之吉。易而无備也。**易。以豉反。○太柔則人將易之。而无畏備之心。○**上九。自天祐之。吉无不利。**大有之世。以剛居上。而能下從六五。是能履信思順而尚賢也。滿而不溢。故其占如此。**象曰。大有上吉。自天祐也。**

䷎ 艮下坤上

謙。亨。君子有終。謙者。有而不居之義。止乎內而順乎外。謙之意也。山至高而地至卑。乃屈而止於其下。謙之象也。占者如是。則亨通而有終矣。有終。謂先屈而後伸也。○**象曰。謙亨。天道下濟而光明。地道卑而上行。**上。時掌反。○言謙之必亨。**天道虧盈而益謙。地道變盈而流謙。鬼神害盈而福謙。人道惡盈而好謙。謙尊而光。卑而不可踰。君子之終也。**惡。烏路反。好。呼報反。○變謂傾壞。流謂聚而歸之。人能謙。則其居尊者其德愈光。其居卑者人亦莫能過。此君子所以有終也。○**象曰。地中有山。謙。君子以裒多益寡。稱物平施。**裒。蒲侯反。稱。尺証反。施。始豉反。○以卑蘊高。謙之象也。裒多益寡。所以稱物之宜而平其施。損高增卑。以趣於平。亦謙之意也。○**初六。謙謙君子。用涉大川。吉。**以柔處下。謙之至也。君子之行也。以此涉難。何往不濟。故占者如是。則利以涉川也。**象曰。謙謙君子。卑以自牧也。**○**六二。鳴謙。貞吉。**柔順中正。以謙有聞。正而且吉者也。故其占如此。**象曰。鳴謙貞吉。中心得也。**○**九三。勞謙君子。有終吉。**卦唯一陽。居下之上。剛而得正。上下所歸。有功勞而能謙。尤人所難。故有終而吉。占者如是。則如其應矣。**象曰。勞謙君子。萬民服也。**○**六四。无不利撝謙。**撝。呼回反。與揮同。○柔而得正。上而能下。其占无不利矣。然居九三之上。故戒以更當發揮其謙。以示不敢自安之意也。**象曰。无不利撝謙。不違則也。**言不爲過。○**六五。不富以其鄰。利用侵伐。无不利。**以柔居尊。在上而能謙者也。故爲不富而能以其鄰之象。蓋從之者衆矣。猶有未服者。則利以征之。而於他事亦无不利。人有是德。則如其占也。**象曰。利用侵伐。征不服也。**○**上六。鳴謙。利用行師。征邑國。**謙極有聞。人之所與。故可用行師。然以其質柔而无位。故可以征已之邑國而已。

象曰鳴謙志未得也可用行師征邑國也陰柔无位才力不足故其志未得而至於行師然亦適足以治其私邑而已

䷏ 坤下震上

豫利建侯行師豫和樂也人心和樂以應其上也九四一陽上下應之其志得行又以坤遇震爲順以動故其卦爲豫而其占利以立君用師也○彖曰豫剛應而志行順以動豫以卦體卦德釋卦名義豫順以動故天地如之而況建侯行師乎以卦德釋卦辭天地以順動故日月不過而四時不忒聖人以順動則刑罰清而民服豫之時義大矣哉極言之而贊其大也○象曰雷出地奮豫先王以作樂崇德殷薦之上帝以配祖考雷出地奮和之至也先王作樂既象其聲又取其義殷盛也○初六鳴豫凶陰柔小人上有強援得時主事故不勝其豫而以自鳴凶之道也故其占如此卦之得名本爲和樂然卦辭爲衆樂之義爻辭除九四與卦同外皆爲自樂所以有吉凶之異象曰初六鳴豫志窮凶也窮謂滿極○六二介于石不終日貞吉豫雖主樂然易以溺人溺則反而憂矣卦獨此爻中而得正是上下皆溺於豫而獨能以中正自守其介如石也其德安靜而堅確故其思慮明審不俟終日而見凡事之幾微也大學曰安而后能慮慮而后能得意正如此占者如是則正而吉矣象曰不終日貞吉以中正也○六三盱豫悔遲有悔盱況于反○盱上視也陰不中正而近於四四爲卦主故六三上視於四而下溺於豫宜有悔者也故其象如此而其占爲事當速悔若悔之遲則必有悔也象曰盱豫有悔位不當也○九四由豫大有得勿疑朋盍簪簪側林反○九四卦之所由以爲豫者也故其象如此而其占爲大有得然又當至誠不疑則朋類合而從之矣故又因而戒之簪聚也又速也象曰由豫大有得志大行也○六五貞疾恒不死當豫之時以柔居尊沈溺於豫又乘九四之剛衆不附而處勢危故爲貞疾之象然以其得中故又爲恒不死之象卽象而觀占在其中矣象曰六五貞疾乘剛也恒不死中未亡也○上六冥豫成有渝无咎渝以朱反○以陰柔居豫極爲昏冥於豫之象以其動體故又爲其事雖成而能有渝之象戒占者如是則能補過而无咎所以廣遷善之門也象曰冥豫在上何可長也

䷐ 震下兌上

隨元亨利貞无咎隨從也以卦變言之本自困卦九來居初又自噬嗑九來居五而自未濟來者兼此二變皆剛來隨柔之義以二體言之爲此動而彼說亦隨之義故爲隨己能隨物物來隨己彼此相從其通易矣故其占爲元亨然必利於貞乃得无咎若所隨不貞則雖大亨而不免於有咎矣春秋傳穆姜曰有是四德隨而无咎我皆无之豈隨也哉今按四德雖非

本義。然其下云云。深得占法之意。○彖曰。隨。剛來而下柔。動而說。隨。下。遐嫁反。說音悅。○以卦變卦德釋卦名義。大亨貞无咎。而天下隨時。王肅本。時作之。今當從之。釋卦辭。言能如是。則天下之所從也。隨時之義大矣哉。王肅本。時字在之字下。今當從之。○象曰。澤中有雷。隨。君子以嚮晦入宴息。雷藏澤中。隨時休息。○初九。官有渝。貞吉。出門交有功。卦以物隨爲義。爻以隨物爲義。初九以陽居下。爲震之主。卦之所以爲隨者也。既有所隨。則有所偏主而變其常矣。惟得其正則吉。又當出門以交。不私其隨。則有功也。故其象占如此。亦因以戒之。象曰。官有渝。從正吉也。出門交有功。不失也。○六二。係小子。失丈夫。初陽在下而近。五陽正應而遠。二陰柔不能自守以須正應。故其象如此。凶吝可知。不假言矣。象曰。係小子。弗兼與也。○六三。係丈夫。失小子。隨有求得。利居貞。丈夫。謂九四。小子。亦謂初也。三近係四而失於初。其象與六二正相反。四陽當任而已隨之。有求必得。然非正應。故有不正而爲邪媚之嫌。故其占如此。而又戒以居貞也。象曰。係丈夫。志舍下也。舍音捨。○九四。隨有獲。貞凶。有孚在道以明。何咎。九四以剛居上之下。與五同德。故其占隨而有獲。然勢陵於五。故雖正而凶。惟有孚在道而明。則上安而下從之。可以无咎也。占者當時之任。宜審此戒。象曰。隨有獲。其義凶也。有孚在道。明功也。○九五。孚于嘉吉。陽剛中正。下應中正。是信于善也。占者如是。其吉宜矣。象曰。孚于嘉吉。位正中也。○上六。拘係之。乃從維之。王用亨于西山。居隨之極。隨之固結而不可解者也。誠意之極。可通神明。故其占爲王用亨于西山。亨。亦當作祭享之享。自周而言。岐山在西。凡筮祭山川者得之。其誠意如是。則吉也。象曰。拘係之。上窮也。窮。極也。

䷑ 巽下艮上

蠱。元亨。利涉大川。先甲三日。後甲三日。先。息薦反。後。胡豆反。○蠱。壞極而有事也。其卦艮剛居上。巽柔居下。上下不交。下卑巽而上苟止。故其卦爲蠱。或曰。剛上柔下。謂卦變自賁來者。初上二下。自井來者。五上上下。自既濟來者兼之。亦剛上而柔下。皆所以爲蠱也。蠱壞之極。亂當復治。故其占爲元亨而利涉大川。甲。日之始。事之端也。先甲三日。辛也。後甲三日。丁也。前事過中而將壞。則可自新以爲後事之端。而不使至於大壞。後事方始而尚新。然更當致其丁寧之意。以監其前事之失。而不使至於速壞。聖人之戒深也。○彖曰。蠱。剛上而柔下。巽而止。蠱。以卦體卦變卦德釋卦名義。蓋如此。則積弊而至於蠱矣。蠱。元亨。而天下治也。利涉大川。往有事也。先甲三日。後甲三日。終則有始。天行也。釋卦辭。治蠱至於元亨。則亂而復治之象也。亂之終。治之始。天運然也。○象曰。山下有風。蠱。君子以振民育德。山下有風。物壞而有事矣。而事莫大於二者。乃治己治人之道也。○初六。幹父之蠱。有子。考无咎。厲終吉。幹如木之幹。枝葉之所附而立者也。蠱者。前人已壞之緒。故諸爻皆有父母之象。子能幹之。則飭治而振起矣。初六蠱未深而事易濟。故其占爲有子則能治蠱而考得无咎。然亦危矣。戒占者宜如是。又知危而能戒。則終吉也。象曰。幹父之蠱。意承考也。○九二。幹母之蠱。不可貞。九二剛中。上應六五。子幹母蠱而得中之象。以剛承柔而治其壞。故又戒以不可堅貞。言當巽以入之也。象曰。幹母之蠱。得中道也。○九三。幹父之蠱。小有悔。无大咎。過剛不中。故小有悔。巽體得正。故无大咎。象曰。幹父之蠱。終无咎也。○六四。裕父之蠱。往見吝。以陰居陰。不能有爲。寬裕以治蠱之象也。如是則蠱將日深。故往則見吝。戒占者不可如是也。象曰。裕父之蠱。往未得也。○六五。幹父之蠱。用譽。柔中居尊。而九二承之以德。以此幹蠱。可致聞譽。故其象占如此。象曰。幹父用譽。承以德也。○上九。不事王侯。高尚其事。剛陽居上。在事之外。故爲此象。而占與戒。皆在其中矣。象曰。不事王侯。志可則也。

䷒ 兌下 坤上

臨。元亨利貞。至于八月有凶。臨。進而凌逼於物也。二陽浸長以逼於陰。故爲臨。十二月之卦也。又其爲卦下兌說。上坤順。九二以剛居中。上應六五。故占者大亨而利於正。然至于八月當有凶也。八月謂自復卦一陽之月。至于遯卦二陰之月。陰長陽遯之時也。或曰。八月謂夏正八月。於卦爲觀。亦臨之反對也。又因占而戒之。○彖曰。臨。剛浸而長。長。丁丈反。○以卦體釋卦名。說而順。剛中而應。說。音悅。○又以卦德卦體言卦之善。大亨以正。天之道也。當剛長之時。又有此善。故其占如此也。至于八月有凶。消不久也。言雖天運之當然。然君子宜知所戒。○象曰。澤上有地。臨。君子以教思无窮。容保民无疆。思。去聲。○地臨於澤。上臨下也。二者皆臨下之事。教之无窮者。兌也。容之无疆者。坤也。○初九。咸臨。貞吉。卦唯二陽。徧臨四陰。故二爻皆有咸臨之象。初九剛而得正。故其占爲貞吉。象曰。咸臨貞吉。志行正也。○九二。咸臨。吉无不利。剛得中而勢上進。故其占吉而无不利也。象曰。咸臨吉无不利。未順命也。未詳。○六三。甘臨。无攸利。既憂之。无咎。陰柔不中正。而居下之上。爲以甘說臨人之象。其占固无所利。然能憂而改之。則无咎也。勉人遷善。爲教深矣。象曰。甘臨。位不當也。既憂之。咎不長也。○六四。至臨。无咎。處得其位。下應初九。相臨之至。宜无咎者也。象曰。至臨无咎。位當也。○六五。知臨。大君之宜。吉。知。音智。○以柔居中。下應九二。不自用而任人。乃知之事。而大君之宜。吉之道也。象曰。大君之宜。行中之謂也。○上六。敦臨。吉无咎。居卦之上。處臨之終。敦厚於臨。吉而无咎之道也。故其象占如此。

象曰。敦臨之吉。志在內也。

䷓ 坤下巽上

觀。盥而不薦。有孚顒若。觀官奐反。下大觀以觀之觀。大象觀字並同。○觀者有以示人而爲人所仰也。九五居上。四陰仰之。又內順外巽。而九五以中正示天下。所以爲觀。盥。將祭而潔手也。薦。奉酒食以祭也。顒然。尊敬之貌。言致其潔清而不輕自用。則其孚信在中。而顒然可仰。戒占者當如是也。或曰。有孚顒若。謂在下之人。信而仰之也。此卦四陰長而二陽消。正爲八月之卦。而名卦繫辭。更取他義。亦扶陽抑陰之意。○象曰。大觀在上。順而巽。中正以觀天下。以卦體卦德釋卦名義。觀。盥而不薦。有孚顒若。下觀而化也。觀。如字。下觀天。大象觀民之觀。六爻觀字並同。釋卦辭。觀天之神道而四時不忒。聖人以神道設教而天下服矣。極言觀之道也。四時不忒。天之所以爲觀也。神道設教。聖人之所以爲觀也。○象曰。風行地上。觀。先王以省方觀民設教。省悉井反。○省方以觀民。設教以爲觀。○初六。童觀。小人无咎。君子吝。卦以觀示爲義。據九五爲主也。爻以觀瞻爲義。皆觀乎九五也。初六陰柔在下。不能遠見。童觀之象。小人之道。君子之羞也。故其占在小人則无咎。君子得之則可羞矣。象曰。初六童觀。小人道也。○六二。闚觀。利女貞。陰柔居內而觀乎外。闚觀之象。女子之正也。故其占如此。丈夫得之。則非所利矣。象曰。闚觀女貞。亦可醜也。在丈夫則爲醜也。○六三。觀我生進退。我生。我之所行也。六三居下之上。可進可退。故不觀九五。而獨觀己所行之通塞。以爲進退。占者宜自審也。象曰。觀我生進退。未失道也。○六四。觀國之光。利用賓于王。六四最近於五。故有此象。其占爲利於朝覲仕進也。象曰。觀國之光。尚賓也。○九五。觀我生。君子无咎。九五陽剛中正以居尊位。其下四陰仰而觀之。君子之象也。故戒居此位。得此占者。當觀己所行。必其陽剛中正亦如是焉。則得无咎也。象曰。觀我生。觀民也。此夫子以義言之。明人君觀己所行。不但一身之得失。又當觀民德之善否。以自省察也。○上九。觀其生。君子无咎。上九陽剛居尊位之上。雖不當事任。而亦爲下所觀。故其戒辭略與五同。但以我爲其。小有主賓之異耳。象曰。觀其生。志未平也。志未平。言雖不得位。未可忘戒懼也。

䷔ 震下離上

噬嗑。亨。利用獄。噬市利反。嗑胡臘反。○噬。齧也。嗑。合也。物有間者。齧而合之也。爲卦上下兩陽而中虛。頤口之象。九四一陽間於其中。必齧之而後合。故爲噬嗑。其占當得亨通者。有間故不通。齧之而合。則亨通矣。又三陰三陽。剛柔中半。下動上明。下雷上電。本自益卦六四之柔。上行以至於五而得其中。是以陰居陽。雖不當位。而利用獄。蓋治獄之道。惟威與明。

而得其中之爲貴。故筮得之者，有其德則應其占也。○象曰：頤中有物曰噬嗑。以卦體釋卦名義。噬嗑而亨，剛柔分，動而明，雷電合而章，柔得中而上行，雖不當位，利用獄也。以卦名卦體卦德二象卦變釋卦辭。○象曰：雷電噬嗑，先王以明罰勑法。雷電當作電雷。○初九，屨校滅趾，无咎。校，音教。○初上无位，爲受刑之象。中四爻爲用刑之象。初在卦始，罪薄過小，又在卦下，故爲屨校滅趾之象。止惡於初，故得无咎。占者小傷而无咎也。象曰：屨校滅趾，不行也。滅趾，又有不進於惡之象。○六二，噬膚滅鼻，无咎。祭有膚鼎，蓋肉之柔脆，噬而易嗑者。六二中正，故其所治如噬膚之易。然以柔乘剛，故雖甚易，亦不免於傷滅其鼻。占者雖傷而終无咎也。象曰：噬膚滅鼻，乘剛也。○六三，噬腊肉，遇毒，小吝，无咎。腊，音昔。○腊肉，謂獸腊，全體骨而爲之者，堅韌之物也。陰柔不中正，治人而人不服，爲噬腊遇毒之象。占雖小吝，然時當噬嗑，於義爲无咎也。象曰：遇毒，位不當也。○九四，噬乾胏，得金矢，利艱貞，吉。乾，音干。胏，緇美反。○胏，肉之帶骨者，與胾通。周禮，獄訟入鈞金束矢而後聽之。九四以剛居柔，得用刑之道，故有此象。言所噬愈堅，而得聽訟之宜也。然必利於艱難正固則吉，戒占者宜如是也。象曰：利艱貞吉，未光也。○六五，噬乾肉，得黃金，貞厲，无咎。噬乾肉，難於膚而易於腊胏者也。黃，中色。金，亦謂鈞金。六五柔順而中，以居尊位，用刑於人，人无不服，故有此象。然必貞厲，乃得无咎，亦戒占者之辭也。象曰：貞厲无咎，得當也。○上九，何校滅耳，凶。何，何可反。○何，負也。過極之陽，在卦之上，惡極罪大，凶之道也。故其象占如此。象曰：何校滅耳，聰不明也。滅耳，蓋罪其聽之不聰也。若能審聽而早圖之，則无此凶矣。

䷕ 離下艮上

賁，亨，小利有攸往。賁，彼僞反。○賁，飾也。卦自損來者，柔自三來而文二，剛自二上而文三；自既濟而來者，柔自上來而文五，剛自五上而文上。又內離而外艮，有文明而各得其分之象，故爲賁。占者以其柔來文剛，陽得陰助，而離明於內，故爲亨。以其剛上文柔，而艮止於外，故小利有攸往。○象曰：賁亨，亨字疑衍。柔來而文剛，故亨。分剛上而文柔，故小利有攸往，天文也。以卦變釋卦辭。剛柔之交，自然之象，故曰天文。先儒說天文上當有剛柔交錯四字，理或然也。文明以止，人文也。又以卦德言之。止，謂各得其分。觀乎天文以察時變，觀乎人文以化成天下。極言賁道之大也。○象曰：山下有火，賁。君子以明庶政，无敢折獄。山下有火，明不及遠。明庶政，事之小者。折獄，事之大者。內離明而外艮止，故取象如此。○初九，賁其趾，舍車而徒。舍，音捨。○剛德明體，自賁於下，爲舍非道之車而安於徒步之象。占者自處當如是也。象曰：舍車而徒，義弗乘也。君子之取舍，決於義而已。○六二，賁其須。二以陰柔居中正，三以陽剛而得正，皆无應與，故二附三而動，有賁須之象。占者宜從上之陽剛而動也。象曰：賁其須，與上興也。○九三，賁如濡如，永貞吉。一陽居二陰之間，得其賁而潤澤者也。然不可溺於所安，故有永貞之戒。象曰：永貞之吉，終莫之陵也。○六四，賁如皤如，白馬翰如，匪寇婚媾。皤，白波反。○皤，白也。馬，人所乘，人白則馬亦白矣。四與初相賁者，乃為九三所隔而不得遂，故皤如，而其往求之心，如飛翰之疾也。然九三剛正，非為寇者也，乃求婚媾耳。故其象如此。象曰：六四當位疑也。匪寇婚媾，終无尤也。當位疑，謂所當之位可疑也。終无尤，謂若守正而不與，亦无他患也。○六五，賁于丘園，束帛戔戔，吝，終吉。戔，在千反，又音牋。○六五柔中，為賁之主，敦本尚實，得賁之道，故有丘園之象。然陰性吝嗇，故有束帛戔戔之象。束帛，薄物。戔戔，淺小之意。人而如此，雖可羞吝，然禮奢寧儉，故得終吉。象曰：六五之吉，有喜也。○上九，白賁，无咎。賁極反本，復於无色，善補過矣。故其象占如此。象曰：白賁无咎，上得志也。

䷖ 坤下艮上

剝，不利有攸往。剝，落也。五陰在下而方生，一陽在上而將盡。陰盛長而陽消落，九月之卦也。陰盛陽衰，小人壯而君子病。又內坤而外艮，有順時而止之象。故占得之者，不可有所往也。○象曰：剝，剝也，柔變剛也。以卦體釋卦名義，言柔進于陽，變剛為柔也。不利有攸往，小人長也。順而止之，觀象也。君子尚消息盈虛，天行也。長，丁丈反。○以卦體卦德釋卦辭。○象曰：山附於地，剝。上以厚下安宅。○初六，剝牀以足，蔑貞凶。剝自下起，滅正則凶，故其占如此。蔑，滅也。象曰：剝牀以足，以滅下也。○六二，剝牀以辨，蔑貞凶。辨，音辨。○辨，牀幹也。進而上矣。象曰：剝牀以辨，未有與也。言未大盛。○六三，剝之，无咎。眾陰方剝陽而已獨應之，去其黨而從正，无咎之道也。占者如是，則得无咎。象曰：剝之无咎，失上下也。上下，謂四陰。○六四，剝牀以膚，凶。陰禍切身，故不復言蔑貞，而直言凶也。象曰：剝牀以膚，切近災也。○六五，貫魚，以宮人寵，无不利。魚，陰物。宮人，陰之美而受制於陽者也。五為眾陰之長，當率其類，受制於陽，故有此象。而占者如是，則无不利也。象曰：以宮人寵，終无尤也。○上九，碩果不食，君子得輿，小人剝廬。一陽在上，剝未盡而能復生。君子在上，則為眾陰所載；小人居之，則剝極於上，自失所覆，而无復碩果得輿之象矣。取象既明，而君子小人其占不同，聖人之情益可見矣。象曰：君子得輿，民所載也。小人剝廬，終不可用也。

䷗ 震下坤上

復。亨。出入无疾。朋來无咎。反復其道。七日來復。利有攸往。反復之復，方福反，又作覆。彖同。○復，陽復生於下也。剝盡則爲純坤十月之卦，而陽氣已生於下矣。積之踰月，然後一陽之體始成而來復，故十有一月，其卦爲復。以其陽既往而復反，故有亨道。又內震外坤，有陽動於下而以順上行之象，故其占又爲巳之出入既得无疾，朋類之來亦得无咎。又自五月姤卦一陰始生，至此七爻而一陽來復，乃天運之自然，故其占又爲反復其道，至於七日當得來復。又以剛德方長，故其占又爲利有攸往也。反復其道，往而復來，來而復往之意。七日者，所占來復之期也。○彖曰。復亨。剛反。剛反則亨。動而以順行。是以出入无疾。朋來无咎。以卦德而言。反復其道。七日來復。天行也。陰陽消息，天運然也。利有攸往。剛長也。長，丁丈反。○以卦體而言。既生則漸長矣。復其見天地之心乎。積陰之下，一陽復生，天地生物之心幾於滅息，而至此乃復可見。在人則爲靜極而動，惡極而善，本心幾息而復見之端也。程子論之詳矣。而邵子之詩亦曰：冬至子之半，天心无改移。一陽初動處，萬物未生時。玄酒味方淡，太音聲正希。此言如不信，更請問包羲。至哉言也。學者宜盡心焉。○象曰。雷在地中。復。先王以至日閉關。商旅不行。后不省方。安靜以養微陽也。月令是月，齋戒掩身，以待陰陽之所定。○初九。不遠復。无祇悔。元吉。祇音其。○一陽復生於下，復之主也。祇，抵也。又居事初，失之未遠，能復於善，不抵於悔，大善而吉之道也。故其象占如此。象曰。不遠之復。以脩身也。○六二。休復。吉。柔順中正，近於初九而能下之，復之休美，吉之道也。象曰。休復之吉。以下仁也。下，遐嫁反。○六三。頻復。厲无咎。以陰居陽，不中不正，又處動極，復而不固，屢失屢復之象。屢失故危，復則无咎，故其占又如此。象曰。頻復之厲。義无咎也。○六四。中行獨復。四處羣陰之中，而獨與初應，爲與衆俱行而獨能從善之象。當此之時，陽氣甚微，未足以有爲，故不言吉。然理所當然，吉凶非所論也。董子曰：仁人者，正其誼不謀其利，明其道不計其功。於剝之六三及此爻見之。象曰。中行獨復。以從道也。○六五。敦復。无悔。以中順居尊，而當復之時，敦復之象，无悔之道也。象曰。敦復无悔。中以自考也。考，成也。○上六。迷復。凶。有災眚。用行師。終有大敗。以其國君凶。至于十年不克征。眚，生領反。○以陰柔居復終，終迷不復之象，凶之道也。故其占如此。以，猶及也。象曰。迷復之凶。反君道也。

䷘ 震下乾上

无妄。元亨利貞。其匪正有眚。不利有攸往。无妄，實理自然之謂。史記作无望，謂无所期望而有得焉者，其義亦通。爲卦自訟而變，九自二來而居於初爻爲震主動而不妄者也故爲无妄又二體震動而乾健九五剛中而應六二故其占大亨而利於正若其不正則有眚而不利有所往也○彖曰无妄剛自外來而爲主於內動而健剛中而應大亨以正天之命也其匪正有眚不利有攸往无妄之往何之矣天命不祐行矣哉以卦變卦德卦體言卦之善如此故其占當獲大亨而利於正乃天命之當然也其有不正則不利有所往欲何往哉蓋其逆天之命而天不祐之故不可以有行也○象曰天下雷行物與无妄先王以茂對時育萬物天下雷行震動發生萬物各正其性命是物物而與之以无妄也先王法此以對時育物因其所性而不爲私焉○初九无妄往吉以剛在內誠之主也如是而往其吉可知故其象占如此象曰无妄之往得志也

○六二不耕穫不菑畬則利有攸往菑側其反畬音餘○柔順中正因時順理而无私意期望之心故有不耕穫不菑畬之象言其无所爲於前无所冀於後也占者如是則利有所往矣象曰不耕穫未富也富如非富天下之富言非計其利而爲之也○六三无妄之災或繫之牛行人之得邑人之災卦之六爻皆无妄者也六三處不得正故遇其占者无故而有災如行人牽牛以去而居者反遭詰捕之擾也象曰行人得牛邑人災也○九四可貞无咎陽剛乾體下无應與可固守而无咎不可以有爲之占也象曰可貞无咎固有之也有猶守也○九五无妄之疾勿藥有喜乾剛中正以居尊位而下應亦中正无妄之至也如是而有疾勿藥而自愈矣故其象占如此象曰无妄之藥不可試也旣已无妄而復藥之則反爲妄而生疾矣試謂少嘗之也○上九无妄行有眚无攸利上九非有妄也但以其窮極而不可行耳故其象占如此象曰无妄之行窮之災也

䷙ 乾下艮上

大畜利貞不家食吉利涉大川畜勑六反○大陽也以艮畜乾又畜之大者也又以內乾剛健外艮篤實輝光是以能日新其德而爲畜之大也以卦變言此卦自需而來九自五而上以卦體言六五尊而尚之以卦德言又能止健皆非大正不能故其占爲利貞而不家食吉也又六五下應於乾爲應乎天故其占又爲利涉大川也不家食謂食祿於朝不食於家也○彖曰大畜剛健篤實輝光日新其德以卦德釋卦名義剛上而尚賢能止健大正也以卦變卦體卦德釋卦辭不家食吉養賢也亦取尚賢之象利涉大川應乎天也亦以卦體而言○象曰天在山中大畜君子以多識前言往行以畜其德識如字又音志行下孟反○天在山中不必實有是事但以其象言之耳○初九有厲利已已夷止反○乾之三陽爲艮所止故內外之卦各取其義初九爲六四所止故其占往則有危而利於止也象曰有厲利已不犯災也○九二輿說輹說吐活反輹音服又音福○九二亦爲六五所畜以

其處中故能自止而不進有此象也象曰輿說輹中无尤也○九三良馬逐利艱貞曰閑輿衛利有攸往三以陽居健極上以陽居畜極極而通之時也又皆陽爻故不相畜而俱進有良馬逐之象焉然過剛銳進故其占必戒以艱貞閑習乃利於有往也曰當爲日月之日象曰利有攸往上合志也○六四童牛之牿元吉牿古毒反○童者未角之稱牿施橫木於牛角以防其觸詩所謂楅衡者也止之於未角之時爲力則易大善之吉也故其象占如此學記曰禁於未發之謂豫正此意也象曰六四元吉有喜也○六五豶豕之牙吉豶符云反○陽已進而止之不若初之易矣然以柔居中而當尊位是以得其機會而可制故其象如此占雖吉而不言元也象曰六五之吉有慶也○上九何天之衢亨何天之衢言何其通達之甚也畜極而通豁達无礙故其象占如此象曰何天之衢道大行也

䷚震下艮上

頤貞吉觀頤自求口實頤以之反○頤口旁也口食物以自養故爲養義爲卦上下二陽內含四陰外實內虛上止下動爲頤之象養之義也貞吉者占者得正則吉觀頤謂觀其所養之道自求口實謂觀其所以養身之術皆得正則吉也○彖曰頤貞吉養正則吉也觀頤觀其所養也自求口實觀其自養也釋卦辭天地養萬物聖人養賢以及萬民頤之時大矣哉極言養道而贊之○象曰山下有雷頤君子以慎言語節飲食二者養德養身之切務○初九舍爾靈龜觀我朶頤凶舍音捨朶多果反○靈龜不食之物朶垂也朶頤欲食之貌初九陽剛在下足以不食乃上應六四之陰而動於欲凶之道也故其象占如此象曰觀我朶頤亦不足貴也○六二顛頤拂經于丘頤征凶求養於初則顛倒而違於常理求養於上則往而得凶丘土之高者上之象也象曰六二征凶行失類也初上皆非其類也○六三拂頤貞凶十年勿用无攸利陰柔不中正以處動極拂於頤矣既拂於頤雖正亦凶故其象占如此象曰十年勿用道大悖也○六四顛頤吉虎視眈眈其欲逐逐无咎眈都含反○柔居上而得正所應又正而賴其養以施於下故雖顛而吉虎視眈眈下而專也其欲逐逐求而繼也又能如是則无咎矣象曰顛頤之吉上施光也施始豉反○六五拂經居貞吉不可涉大川六五陰柔不正居尊位而不能養人反賴上九之養故其象占如此象曰居貞之吉順以從上也○上九由頤厲吉利涉大川六五賴上九之養以養人是物由上九以養也位高任重故厲而吉陽剛在上故利涉川象曰由頤厲吉大有慶也

䷛ 巽下兌上

大過。棟橈。利有攸往。亨。橈乃教反。○大。陽也。四陽居中過盛。故爲大過。上下二陰。不勝其重。故有棟橈之象。又以四陽雖過而二五得中。內巽外說。有可行之道。故利有所往而得亨也。○彖曰。大過。大者過也。以卦體釋卦名義。棟橈。本末弱也。復以卦體釋卦辭。本。謂初。末。謂上。弱。謂陰柔。剛過而中。巽而說行。利有攸往。乃亨。說音悅。○又以卦體卦德釋卦辭。大過之時大矣哉。大過之時。非有大過人之材。不能濟也。故歎其大。○象曰。澤滅木。大過。君子以獨立不懼。遯世无悶。澤滅於木。大過之象也。不懼无悶。大過之行也。○初六。藉用白茅。无咎。藉。在夜反。○當大過之時。以陰柔居巽下。過於畏慎而无咎者也。故其象占如此。白茅。物之潔者。象曰。藉用白茅。柔在下也。○九二。枯楊生稊。老夫得其女妻。无不利。稊。吐兮反。○陽過之始而比初陰。故其象占如此。稊。根也。榮於下者也。榮於下。則生於上矣。夫雖老而得女妻。猶能成生育之功也。象曰。老夫女妻。過以相與也。○九三。棟橈。凶。三四二爻。居卦之中。棟之象也。九三以剛居剛。不勝其重。故象橈而占凶。象曰。棟橈之凶。不可以有輔也。○九四。棟隆。吉。有它吝。它。湯何反。○以陽居陰。過而不過。故其象隆而占吉。然下應初六。以柔濟之。則過於柔矣。故又戒以有它則吝也。象曰。棟隆之吉。不橈乎下也。○九五。枯楊生華。老婦得其士夫。无咎无譽。華。如字。○九五陽過之極。又比過極之陰。故其象占皆與二反。象曰。枯楊生華。何可久也。老婦士夫。亦可醜也。○上六。過涉滅頂。凶。无咎。處過極之地。才弱不足以濟。然於義爲无咎矣。蓋殺身成仁之事。故其象占如此。象曰。過涉之凶。不可咎也。

䷜ 坎下坎上

習坎。有孚。維心亨。行有尚。習。重習也。坎。險陷也。其象爲水。陽陷陰中。外虛而中實也。此卦上下皆坎。是爲重險。中實爲有孚心亨之象。以是而行。必有功矣。故其占如此。○彖曰。習坎。重險也。重。直龍反。○釋卦名義。水流而不盈。行險而不失其信。以卦象釋有孚之義。言內實而行有常也。維心亨。乃以剛中也。行有尚。往有功也。以剛在中。心亨之象。如是而往。必有功也。天險不可升也。地險山川丘陵也。王公設險以守其國。險之時用大矣哉。極言之而贊其大也。○象曰。水洊至。習坎。君子以常德行。習教事。洊。在薦反。行。下孟反。○治己治人。皆必重習。然後熟而安之。○初六。習坎。入于坎窞。凶。窞。徒坎陵感二反。○以陰柔居重險之下。其陷益深。故其象占如此。象曰。習坎入坎。失道凶也。○九二。坎有險。求小得。處重險之中。未能自出。故爲有險之象。然剛而得中。故其占可以求小得也。象曰。求小得。未出中也。○六三。來之坎坎。險且枕。入于坎窞。勿用。枕針甚反。○以陰柔不中正。而履重險之閒。來往皆險。前險而後枕。其陷益深。不可用也。故其象占如此。枕倚著未安之意。象曰。來之坎坎。終无功也。○六四。樽酒簋貳。用缶。納約自牖。終无咎。○簋音軌。缶俯九反。晁氏云。先儒讀樽酒簋爲一句。貳用缶爲一句。今從之。貳益之也。周禮大祭三貳。弟子職左執虛豆。右執挾周旋而貳是也。九五尊位。六四近之。在險之時。剛柔相際。故有但用薄禮。益以誠心。進結自牖之象。牖非所由之正。而室之所以受明也。始雖艱阻。終得无咎。故其占如此。象曰。樽酒簋貳。剛柔際也。晁氏曰。陸氏釋文本无貳字。今從之。○九五。坎不盈。祗既平。无咎。九五雖在坎中。然以陽剛中正居尊位。而時亦將出矣。故其象占如此。象曰。坎不盈。中未大也。有中德而未大。○上六。係用徽纆。寘于叢棘。三歲不得。凶。纆音墨。寘音置。○以陰柔居險極。故其象占如此。象曰。上六失道。凶三歲也。

䷝ 離下離上

離。利貞。亨。畜牝牛吉。畜許六反。○離。麗也。陰麗於陽。其象爲火。體陰而用陽也。物之所麗。貴乎得正。牝牛柔順之物也。故占者能正則亨。而畜牝牛則吉也。○彖曰。離。麗也。日月麗乎天。百穀草木麗乎土。重明以麗乎正。乃化成天下。重直龍反。釋卦名義。○柔麗乎中正。故亨。是以畜牝牛吉也。以卦體釋卦辭。○象曰。明兩作。離。大人以繼明照于四方。作。起也。○初九。履錯然。敬之无咎。錯七各反。○以剛居下而處初體。志欲上進。故有履錯然之象。敬之則无咎矣。戒占者宜如是也。象曰。履錯之敬。以辟咎也。辟。避同。○六二。黃離。元吉。黃中色。柔麗乎中而得其正。故其象占如此。象曰。黃離元吉。得中道也。○九三。日昃之離。不鼓缶而歌。則大耋之嗟。凶。耋田節反。○重離之閒。前明將盡。故有日昃之象。不安常以自樂。則不能自處而凶矣。戒占者宜如是也。象曰。日昃之離。何可久也。○九四。突如其來如。焚如。死如。棄如。突。如忽反。○後明將繼之時。而九四以剛迫之。故其象如此。象曰。突如其來如。无所容也。无所容。言焚死棄也。○六五。出涕沱若。戚嗟若。吉。沱。徒何反。○以陰居尊。柔麗乎中。然不得其正而迫於上下之陽。故憂懼如此。然後得吉。戒占者宜如是也。象曰。六五之吉。離王公也。離音麗。○上九。王用出征。有嘉。折首。獲匪其醜。无咎。剛明及遠。威震而刑不濫。无咎之道也。故其象占如此。象曰。王用出征。以正邦也。

周易下經

䷞ 艮下兌上

咸亨利貞取女吉。取七具反。○咸交感也。兌柔在上艮剛在下而交相感應又艮止則感之專兌說則應之至又艮以少男下於兌之少女男先於女得男女之正婚姻之時故其卦為咸其占亨而利貞取女則吉蓋感有必通之理然不以貞則失其亨而所為皆凶矣。○象曰咸感也。釋卦名義。柔上而剛下二氣感應以相與止而說男下女是以亨利貞取女吉也。說音悅男下之下遐嫁反。○以卦體卦德卦象釋卦辭或以卦變言柔上剛下之義曰咸自旅來柔上居六剛下居五也亦通。天地感而萬物化生聖人感人心而天下和平觀其所感而天地萬物之情可見矣。極言感通之理。○象曰山上有澤咸君子以虛受人。山上有澤以虛而通也。○初六咸其拇。拇茂后反。○拇足大指也。咸以人身取象感於最下咸拇之象也感之尚淺欲進未能故不言吉凶此卦雖主於感然六爻皆宜靜而不宜動也。象曰咸其拇志在外也。○六二咸其腓凶居吉。腓房非反。○腓足肚也欲行則先自動躁妄而不能固守者也二當其處又以陰柔不能固守故取其象然有中正之德能居其所故其占動凶而靜吉也。象曰雖凶居吉順不害也。○九三咸其股執其隨往吝。股隨足而動不能自專者也執者主當持守之意下二爻皆欲動者三亦不能自守而隨之往則吝矣故其象占如此。象曰咸其股亦不處也志在隨人所執下也。言亦者因前二爻皆欲動而云也二爻陰躁其動也宜九三陽剛居止之極宜靜而動可吝之甚也。○九四貞吉悔亡憧憧往來朋從爾思。憧昌容反又音同。○九四居股之上脢之下又當三陽之中心之象咸之主也心之感物當正而固乃得其理今九四乃以陽居陰為失其正而不能固故因占設戒以為能正而固則吉而悔亡若憧憧往來不能正固而累於私感則但其朋類從之不復能及遠矣。象曰貞吉悔亡未感害也憧憧往來未光大也。感害言不正而感則有害也。○九五咸其脢无悔。脢武杯反又音每。○脢背肉在心上而相背不能感物而无私係九五適當其處故取其象而戒占者以能如是則雖不能感物而亦可以无悔也。象曰咸其脢志末也。志末謂不能感物。○上六咸其輔頰舌。頰古協反。○輔頰舌皆所以言者而在身之上上六以陰居說之終處咸之極感人以言而无其實又兌為口舌故其象如此凶咎可知。象曰咸其輔頰舌滕口說也。滕騰通用。

䷟ 巽下震上

恆亨无咎利貞利有攸往恒常久也爲卦震剛在上巽柔在下震雷巽風二物相與巽順震動爲巽而動二體六爻陰陽相應四者皆理之常故爲恆其占爲能久於其道則亨而无咎然又必利於守貞則乃爲得所常久之道而利有所往也

○象曰恆久也剛上而柔下雷風相與巽而動剛柔皆應恆以卦體卦象卦德釋卦名義或以卦變言剛上柔下之義曰恆自豐來剛上居二柔下居初也亦通恆亨无咎利貞久於其道也天地之道恆久而不已也恆固能亨且无咎矣然必利於正乃爲久於其道不正則久非其道矣天地之道所以長久亦以正而已矣利有攸往終則有始也久於其道終也利有攸往始也動靜相生循環之理然必靜爲主也日月得天而能久照四時變化而能久成聖人久於其道而天下化成觀其所恆而天地萬物之情可見矣極言恆久之道

○象曰雷風恆君子以立不易方

○初六浚恆貞凶无攸利初與四爲正應理之常也然初居下而在初未可以深有所求四震體而陽性上而不下又爲二三所隔應初之意異乎常矣初之柔暗不能度勢又以陰居巽下爲巽之主其性務入故深以常理求之浚恆之象也占者如此則雖貞亦凶而无所利矣象曰浚恆之凶始求深也

○九二悔亡以陽居陰本當有悔以其久中故得亡也象曰九二悔亡能久中也

○九三不恆其德或承之羞貞吝位雖得正然過剛不中志從於上不能久於其所故爲不恆其德或承之羞之象或者不知其何人之辭承奉也言人皆得奉而進之不知其所自來也貞吝者正而不恆爲可羞吝申戒占者之辭象曰不恆其德无所容也

○九四田无禽以陽居陰久非其位故爲此象占者田无所獲而凡事亦不得其所求也象曰久非其位安得禽也

○六五恆其德貞婦人吉夫子凶以柔中而應剛中常久不易正而固矣然乃婦人之道非夫子之宜也故其象占如此象曰婦人貞吉從一而終也夫子制義從婦凶也

○上六振恆凶振者動之速也上六居恆之極處震之終恆極則不常震終則過動又陰柔不能固守居上非其所安故有振恆之象而其占則凶也象曰振恆在上大无功也

䷠ 艮下乾上

遯亨小利貞遯徒困反○遯退避也爲卦二陰浸長陽當退避故爲遯六月之卦也陽雖當遯然九五當位而下有六二之應若猶可以有爲但二陰浸長於下則其勢不可以不遯故其占爲君子能遯則身雖退而道亨小人則利於守正不可以浸長之故而遂侵迫於陽也小謂陰柔小人也此卦之占與否之初二兩爻相類

○象曰遯亨遯而亨也

剛當位而應。與時行也。以九五一爻釋亨義。小利貞。浸而長也。長丁丈反。○以下二陰釋小利貞。遯之時義大矣哉。陰方浸長。處之爲難。故其時義爲尤大也。○象曰。天下有山。遯。君子以遠小人。不惡而嚴。遠袁萬反。○天體无窮。山高有限。遯之象也。嚴者。君子自守之常。而小人自不能近。○初六。遯尾厲。勿用有攸往。遯而在後。尾之象。危之道也。占者不可以有所往。但晦處靜俟。可免災耳。象曰。遯尾之厲。不往何災也。○六二。執之用黃牛之革。莫之勝說。勝音升。說吐活反。○以中順自守。人莫能解。必遯之志也。占者固守。亦當如是。象曰。執用黃牛。固志也。○九三。係遯。有疾厲。畜臣妾吉。畜許六反。○下比二陰。當遯而有所係之象。有疾而危之道也。然以畜臣妾則吉。蓋君子之於小人。惟臣妾則不必其賢而可畜耳。故其占如此。象曰。係遯之厲。有疾憊也。畜臣妾吉。不可大事也。憊音敗。○九四。好遯。君子吉。小人否。好呼報反。否方有反。○下應初六。而乾體剛健。有所好而能絕之以遯之象也。唯自克之君子能之。而小人不能。故占者君子則吉。而小人否也。象曰。君子好遯。小人否也。○九五。嘉遯。貞吉。剛陽中正。下應六二。亦柔順而中正。遯之嘉美者也。占者如是而正則吉矣。象曰。嘉遯貞吉。以正志也。○上九。肥遯。无不利。以剛陽居卦外。下无係應。遯之遠而處之裕者也。故其象占如此。肥者寬裕自得之意。象曰。肥遯无不利。无所疑也。

䷡ 乾下 震上

大壯。利貞。大謂陽也。四陽盛長。故爲大壯。二月之卦也。陽壯。則占者吉亨不假言。但利在正固而已。○象曰。大壯。大者壯也。剛以動。故壯。釋卦名義。以卦體言。則陽長過中。大者壯也。以卦德言。則乾剛震動。所以壯也。大壯利貞。大者正也。正大而天地之情可見矣。釋利貞之義而極言之。○象曰。雷在天上。大壯。君子以非禮弗履。自勝者強。○初九。壯于趾。征凶。有孚。趾在下而進動之物也。剛陽處下而當壯時。壯于進者也。故有此象。居下而壯于進。其凶必矣。故其占又如此。象曰。壯于趾。其孚窮也。言必困窮。○九二。貞吉。以陽居陰。已不得其正矣。然所處得中。則猶可因以不失其正。故戒占者使因中以求正。然後可以得吉也。象曰。九二貞吉。以中也。○九三。小人用壯。君子用罔。貞厲。羝羊觸藩。羸其角。羝音低。羸力追反。○過剛不中。當壯之時。是小人用壯。而君子則用罔也。罔无也。視有如无。君子之過於勇者也。如此則雖正亦危矣。羝羊剛壯喜觸之物。藩籬也。羸困也。貞厲之占。其象如此。象曰。小人用壯。君子罔也。小人以壯敗。君子以罔困。○九四。貞吉悔亡。藩決不羸。壯于大輿之輹。輹音福。○貞吉悔亡。與咸九四同占。藩決不羸。承上文而言也。決開也。三前有四。猶有藩焉。四前二陰。則藩決矣。壯于大輿之輹。亦可進之象也。以陽居陰。不極其剛。故其象如此。象曰。藩決不羸尚往也尚上通○六五喪羊于易无悔喪息浪反象同易以豉反一音亦旅卦同○卦體似兌有羊象焉外柔而內剛者也獨六五以柔居中不能抵觸雖失其壯然亦无所悔矣故其象如此而占亦與咸九五同易容易之易言忽然不覺其亡也或作疆埸之埸亦通漢食貨志埸作易象曰喪羊于易位不當也○上六羝羊觸藩不能退不能遂无攸利艱則吉壯終動極故觸藩而不能退然其質本柔故又不能遂其進也其象如此其占可知然猶幸其不剛故能艱以處則尚可以得吉也象曰不能退不能遂不詳也艱則吉咎不長也

䷢ 坤下離上

晉康侯用錫馬蕃庶晝日三接晉進也康侯安國之侯也錫馬蕃庶晝日三接言多受大賜而顯被親禮也蓋其為卦上離下坤有日出地上之象順而麗乎大明之德又其變自觀而來為六四之柔進而上行以至於五占者有是三者則亦當有是寵也○彖曰晉進也釋卦名義明出地上順而麗乎大明柔進而上行是以康侯用錫馬蕃庶晝日三接也上行之上時掌反○以卦象卦德卦變釋卦辭○象曰明出地上晉君子以自昭明德昭明之也○初六晉如摧如貞吉罔孚裕无咎以陰居下應不中正有欲進見摧之象占者如是而能守正則吉設不為人所信亦當處以寬裕則无咎也象曰晉如摧如獨行正也裕无咎未受命也初居下位未有官守之命○六二晉如愁如貞吉受茲介福于其王母六二中正上无應援故欲進而愁占者如是而能守正則吉而受福于王母也王母指六五蓋享先妣之吉占而凡以陰居尊者皆其類也象曰受茲介福以中正也○六三眾允悔亡三不中正宜有悔者以其與下二陰皆欲上進是以為眾所信而悔亡也象曰眾允之志上行也○九四晉如鼫鼠貞厲鼫音石○不中不正以竊高位貪而畏人蓋危道也故為鼫鼠之象占者如是雖正亦危象曰鼫鼠貞厲位不當也○六五悔亡失得勿恤往吉无不利以陰居陽宜有悔矣以大明在上而下皆順從故占者得之則其悔亡又一切去其計功謀利之心則往吉而无不利也然亦必有其德乃應其占耳象曰失得勿恤往有慶也○上九晉其角維用伐邑厲吉无咎貞吝角剛而居上上九剛進之極有其象矣占者得之而以伐其私邑則雖危而吉且无咎然以極剛治小邑雖得其正亦可吝矣象曰維用伐邑道未光也

䷣ 離下坤上

明夷利艱貞夷傷也為卦下離上坤日入地中明而見傷之象故為明夷又其上六為暗之主六五近之故占者利於艱難以守正而自晦其明也○象曰明入

地中明夷。以卦象釋卦名。內文明而外柔順以蒙大難。文王以之。難去聲。下同。○以卦德釋卦義。蒙大難謂遭紂之亂而見囚也。利艱貞晦其明也。內難而能正其志。箕子以之。以六五一爻之義釋卦辭。內難謂爲紂近親在其國內。如六五之近於上六也。○象曰。明入地中明夷。君子以莅衆用晦而明。○初九。明夷于飛垂其翼。君子于行。三日不食。有攸往主人有言。飛而垂翼。見傷之象。占者行而不食。所如不合。時義當然。不得而避也。○象曰。君子于行。義不食也。唯義所在。不食可也。○六二。明夷。夷于左股。用拯馬壯吉。拯之陵反。汎初爻同。○傷而未切。救之速則免矣。故其象占如此。○象曰。六二之吉。順以則也。○九三。明夷于南狩。得其大首。不可疾貞。以剛居剛。又在明體之上。而屈於至暗之下。正與上六闇主爲應。故有向明除害。得其首惡之象。然不可以亟也。故有不可疾貞之戒。成湯起於夏臺。文王興於羑里。正合此爻之義。而小事亦有然者。○象曰。南狩之志。乃大得也。○六四。入于左腹。獲明夷之心。于出門庭。此爻之義未詳。竊疑左腹者。幽隱之處。獲明夷之心。于出門庭者。得意於遠去之義。言筮而得此者。其自處當如是也。蓋離體爲至明之德。坤體爲至闇之地。下三爻明在闇外。故隨其遠近高下而處之不同。六四以柔正居闇地而尚淺。故猶可以得意於遠去。五以柔中居闇地而已迫。故爲內難正志以晦其明之象。上則極乎闇矣。故爲自傷其明以至於闇。而又足以傷人之明。蓋下五爻皆爲君子。獨上一爻爲闇君也。○象曰。入于左腹。獲心意也。意叶音臆。○六五。箕子之明夷。利貞。居至闇之地。近至闇之君。而能正其志。箕子之象也。貞之至也。利貞以戒占者。○象曰。箕子之貞。明不可息也。○上六。不明晦。初登于天。後入于地。以陰居坤之極。不明其德以至於晦。始則處高位以傷人之明。終必至於自傷而墜厥命。故其象如此。而占亦在其中矣。○象曰。初登于天。照四國也。後入于地。失則也。照四國以位言。

䷤ 離下巽上

家人。利女貞。家人者。一家之人。卦之九五六二。外內各得其正。故爲家人。利女貞者。欲先正乎內也。內正則外无不正矣。○象曰。家人。女正位乎內。男正位乎外。男女正。天地之大義也。以卦體九五六二。釋利女貞之義。家人有嚴君焉。父母之謂也。亦謂二五。父父子子。兄兄弟弟。夫夫婦婦。而家道正。正家而天下定矣。上父。初子。五三夫。四二婦。五兄三弟。以卦畫推之。又有此象。○象曰。風自火出。家人。君子以言有物而行有恆。行下孟反。○身脩則家治矣。○初九。閑有家。悔亡。初九以剛陽處有家之始。能防閑之。其悔亡矣。戒占者當如是也。象曰。閑有家。志未變也。志未變而豫防之。○六二。无攸遂。在中饋。貞吉。六二柔順中正。女之正位乎內者也。故其象占如此。象曰。六二之吉。順以巽也。○九三。家人嗃嗃。悔厲吉。婦子嘻嘻。終吝。嗃呼落反。嘻喜悲反。象同。○以剛居剛而不中。過乎剛者也。故有嗃嗃嚴厲之象。如是則雖有悔厲而吉也。嘻嘻者。嗃嗃之反。吝之道也。占者各以其德爲應。故兩言之。象曰。家人嗃嗃。未失也。婦子嘻嘻。失家節也。○六四。富家大吉。陽主義。陰主利。以陰居陰而在上位。能富其家者也。象曰。富家大吉。順在位也。○九五。王假有家。勿恤吉。假更白反。○假至也。如假于太廟之假。有家猶言有國也。九五剛健中正。下應六二之柔順中正。王者以是至于其家。則勿用憂恤而吉可必矣。蓋聘納后妃之吉占。而凡有是德者遇之。皆吉也。象曰。王假有家。交相愛也。程子曰。夫愛其內助。婦愛其刑家。○上九。有孚威如。終吉。上九以剛居上。在卦之終。故言正家久遠之道。占者必有誠信嚴威。則終吉也。象曰。威如之吉。反身之謂也。謂非作威也。反身自治。則人畏服之矣。

䷥ 兌下離上

睽。小事吉。睽。苦圭反。○睽。乖異也。爲卦上火下澤。性相違異。中女少女。志不同歸。故爲睽。然以卦德言之。內說而外明。以卦變言之。則自離來者。柔進居三。自中孚來者。柔進居五。自家人來者兼之。以卦體言之。則六五得中而下應九二之剛。是以其占不可大事。而小事尚有吉之道也。○彖曰。睽。火動而上。澤動而下。二女同居。其志不同行。上下俱上聲。下同。以卦象釋卦名義。○說而麗乎明。柔進而上行。得中而應乎剛。是以小事吉。說音悅。○以卦德卦變卦體釋卦辭。天地睽而其事同也。男女睽而其志通也。萬物睽而其事類也。睽之時用大矣哉。極言其理而贊之。○象曰。上火下澤。睽。君子以同而異。二卦合體而性不同。○初九。悔亡。喪馬勿逐自復。見惡人。无咎。喪去聲。○上无正應。有悔也。而居睽之時。同德相應。其悔亡矣。故有喪馬勿逐而自復之象。然亦必見惡人。然後可以辟咎。如孔子之於陽貨也。象曰。見惡人。以辟咎也。辟音避。○九二。遇主于巷。无咎。二五陰陽正應。居睽之時。乖戾不合。必委曲相求而得會遇。乃爲无咎。故其象占如此。象曰。遇主于巷。未失道也。本其正應。非有邪也。○六三。見輿曳。其牛掣。其人天且劓。无初有終。曳以制反。掣昌逝反。劓魚器反。○六三上九正應。而三居二陽之間。後爲二所曳。前爲四所掣。而當睽之時。上九猜狠方深。故又有髡劓之傷。然邪不勝正。終必得合。故其象占如此。象曰。見輿曳。位不當也。无初有終。遇剛也。○九四。睽孤。遇元夫。交孚。厲无咎。夫如字。○睽孤。謂无應。遇元夫。謂得初九。交孚。謂同德相信。然當睽時。故必危厲。乃得无咎。占者亦如是也。象曰。交孚无咎。志行也。○六五。悔亡。厥宗噬膚。往何咎。噬。市制反。○以陰居陽。悔也。居中得應。故能亡之。厥宗。指九二。噬膚。言易合。六五有柔中之德。故其象占如是。象曰。厥宗噬膚。往有慶也。○上九。睽孤。見豕負塗。載鬼一車。先張之弧。後說之弧。匪寇婚媾。往遇雨則吉。弧。音胡。說。吐活反。媾。古豆反。○睽孤。謂六三爲二陽所制。而已以剛處明極睽極之地。又自猜狠而乖離也。見豕負塗。見其汚也。載鬼一車。以无爲有也。張弧。欲射之也。說弧。疑稍釋也。匪寇婚媾。知其非寇而實親也。往遇雨則吉。疑盡釋而睽合也。上九之與六三。先睽後合。故其象占如此。象曰。遇雨之吉。羣疑亡也。

䷦ 艮下 坎上

蹇。利西南。不利東北。利見大人。貞吉。蹇。紀免反。○蹇。難也。足不能進。行之難也。爲卦艮下坎上。見險而止。故爲蹇。西南平易。東北險阻。又艮方也。方在蹇中。不宜走險。又卦自小過而來。陽進則往居五而得中。退則入於艮而不進。故其占曰利西南不利東北。當蹇之時。必見大人。然後可以濟難。又必守正。然後得吉。而卦之九五剛健中正。有大人之象。自二以上五爻。皆得正位。則又貞之義也。故其占又曰利見大人貞吉。蓋見險者貴於能止。而又不可終於止。處險者利於進。而不可失其正也。○象曰。蹇。難也。險在前也。見險而能止。知矣哉。難。乃旦反。知。音智。○以卦德釋卦名義。而贊其美。蹇利西南。往得中也。不利東北。其道窮也。利見大人。往有功也。當位貞吉。以正邦也。蹇之時用大矣哉。以卦變卦體釋卦辭。而贊其時用之大也。○象曰。山上有水。蹇。君子以反身脩德。○初六。往蹇來譽。往遇險。來得譽。象曰。往蹇來譽。宜待也。○六二。王臣蹇蹇。匪躬之故。柔順中正。正應在上。而在險中。故蹇而又蹇以求濟之。非以其身之故也。不言吉凶者。占者但當鞠躬盡力而已。至於成敗利鈍。則非所論也。象曰。王臣蹇蹇。終无尤也。事雖不濟。亦无可尤。○九三。往蹇來反。反就二陰。得其所安。象曰。往蹇來反。內喜之也。○六四。往蹇來連。連於九三。合力以濟。象曰。往蹇來連。當位實也。當。去聲。○九五。大蹇朋來。大蹇者。非常之蹇也。九五居尊。而有剛健中正之德。必有朋來而助之者。占者有是德。則有是助矣。象曰。大蹇朋來。以中節也。○上六。往蹇來碩。吉。利見大人。已在卦極。往無所之。益以蹇耳。來就九五。與之濟蹇。則有碩大之功。大人。指九五。曉占者宜如是也。象曰。往蹇來碩。志在內也。利見大人。以從貴也。

䷧ 坎下 震上

解。利西南。无所往。其來復吉。有攸往。夙吉。解音蟹。彖傳大象同。○解。難之散也。居險能動。則出於險之外矣。解之象也。難之既解。利於平易安靜。不欲久爲煩擾。且其卦自升來。三往居四。入於坤體。二居其所。而又得中。故利於西南平易之地。若无所往。則宜來復其所而安靜。若尚有所往。則宜早往早復。不可久煩擾也。○象曰。解。險以動。動而免乎險。解。以卦德釋卦名義。解利西南。往得衆也。其來復吉。乃得中也。有攸往夙吉。往有功也。以卦變釋卦辭。坤爲衆。得衆謂九四入坤體。得中有功。皆指九二。天地解而雷雨作。雷雨作而百果草木皆甲坼。解之時大矣哉。極言而贊其大也。○象曰。雷雨作。解。君子以赦過宥罪。○初六。无咎。難既解矣。以柔在下。上有正應。何咎之有。故其占如此。象曰。剛柔之際。義无咎也。○九二。田獲三狐。得黃矢。貞吉。此爻取象之意未詳。或曰。卦凡四陰。除六五君位。餘三陰。即三狐之象也。大抵此爻爲卜田之吉占。亦爲去邪媚而得中直之象。能守其正。則无不吉矣。象曰。九二貞吉。得中道也。○六三。負且乘。致寇至。貞吝。乘如字。又石證反。○繫辭備矣。貞吝言雖以正得之。亦可羞也。唯避而去之爲可免耳。象曰。負且乘。亦可醜也。自我致戎。又誰咎也。戎。古本作寇。○九四。解而拇。朋至斯孚。解。佳買反。象同。拇。茂后反。○拇。指初。初與四皆不得其位而相應。應之不以正者也。然四陽初陰。其類不同。若能解而去之。則君子之朋至而相信也。象曰。解而拇。未當位也。○六五。君子維有解。吉。有孚于小人。解音蟹。象同。○卦凡四陰。而六五當君位。與三陰同類者。必解而去之則吉也。孚。驗也。君子有解。以小人之退爲驗也。象曰。君子有解。小人退也。○上六。公用射隼于高墉之上。獲之。无不利。射。食亦反。隼。荀尹反。○繫辭備矣。象曰。公用射隼。以解悖也。解。佳買反。

䷨ 兌下 艮上

損。有孚。元吉。无咎。可貞。利有攸往。損。減省也。爲卦損下卦上畫之陽。益上卦上畫之陰。損兌澤之深。益艮山之高。損下益上。損內益外。剝民奉君之象。所以爲損也。損所當損。而有孚信。則其占當有此下四者之應矣。曷之用。二簋可用享。簋音軌。○言當損時。則至薄无害。○象曰。損。損下益上。其道上行。上行之上。時掌反。○以卦體釋卦名義。損而有孚。元吉。无咎。可貞。利有攸往。曷之用。二簋可用享。二簋應有時。損剛益柔有時。損益盈虛。與時偕行。此釋卦辭。時。謂當損之時。○象曰。山下有澤。損。君子以懲忿窒欲。懲。直升反。○君子脩身所當損者。莫切於此。○初九。巳事遄往。无咎。酌損之。巳音以。遄。市專反。四爻同。○初九當損下益上之時。上應六四之陰。輟所爲之事。而速往以益之。无咎之道也。故其象占如此。然居下而益上。亦當斟酌其淺深也。**象曰。已事遄往。尚合志也。**尚上通。○**九二。利貞。征凶。弗損益之。**九二剛中。志在自守。不肯妄進。故占者利貞。而征則凶也。弗損益之。言不變其所守。乃所以益上也。**象曰。九二利貞。中以爲志也。○六三。三人行則損一人。一人行則得其友。**下卦本乾。而損上爻以益坤。三人行而損一人也。一陽上而一陰下。一人行而得其友也。兩相與則專。三則雜而亂。卦有此象。故戒占者當致一也。**象曰。一人行。三則疑也。○六四。損其疾。使遄有喜。无咎。**以初九之陽剛益己。而損其陰柔之疾。唯速則善。戒占者如是則无咎矣。**象曰。損其疾。亦可喜也。○六五。或益之十朋之龜。弗克違。元吉。**柔順虛中。以居尊位。當損之時。受天下之益者也。兩龜爲朋。十朋之龜。大寶也。或以此益之。而不能辭。其吉可知。占者有是德。則獲其應也。**象曰。六五元吉。自上祐也。○上九。弗損益之。无咎。貞吉。利有攸往。得臣无家。**上九當損下益上之時。居卦之上。受益之極。而欲自損以益人也。然居上而益下。有所謂惠而不費者。不待損己。然後可以益人也。能如是則无咎。然亦必以正則吉。而利有所往。惠而不費。其惠廣矣。故又曰得臣无家。**象曰。弗損益之。大得志也。**

䷩ 震下巽上

益。利有攸往。利涉大川。益。增益也。爲卦損上卦初畫之陽。益下卦初畫之陰。自上卦而下於下卦之下。故爲益。卦之九五六二。皆得中正。下震上巽。皆木之象。故其占利有所往。而利涉大川也。○**彖曰。益。損上益下。民說无疆。自上下下。其道大光。**上下之下。去聲。以卦體釋卦名義。○**利有攸往。中正有慶。利涉大川。木道乃行。**以卦體卦象釋卦辭。**益動而巽。日進无疆。天施地生。其益无方。凡益之道。與時偕行。**施始豉反。○動巽二卦之德。乾下施。坤上生。亦上文卦體之義。又以此極言贊益之大。○**象曰。風雷益。君子以見善則遷。有過則改。**風雷之勢。交相助益。遷善改過。益之大者。而其相益亦猶是也。○**初九。利用爲大作。元吉。无咎。**初雖居下。然當益下之時。受上之益者也。不可徒然无所報效。故利用爲大作。必元吉。然後得无咎。**象曰。元吉无咎。下不厚事也。**下本不當任厚事。故不如是不足以塞咎也。○**六二。或益之十朋之龜。弗克違。永貞吉。王用享于帝。吉。**六二當益下之時。虛中處下。故其象占與損六五同。然爻位皆陰。故以永貞爲戒。以其居下而受上之益。故又爲上郊之吉占。**象曰。或益之。自外來也。**或者。衆无定主之辭。○**六三。益之用凶事。无咎。有孚中行。告公用圭。**六三陰柔不中不正。不當得益者也。然當益下之時。居下之上。故有益之以凶事者。蓋警戒震動。乃所以益之也。占者如此。然後可以无咎。又戒以有孚中行。而告公用圭也。用圭所以通信。**象曰。益用**

凶事固有之也。益用凶事，欲其困心衡慮而固有之也。○六四。中行告公從，利用爲依遷國。三四皆不得中，故皆以中行爲戒。此言以益下爲心，而合於中行，則告公而見從矣。傳曰：周之東遷，晉鄭焉依。蓋古者遷國以益下，必有所依然後能立。此爻又爲遷國之吉占也。象曰：告公從，以益志也。○九五。有孚惠心，勿問元吉，有孚惠我德。上有信以惠於下，則下亦有信以惠於上矣。不問而元吉可知。象曰：有孚惠心，勿問之矣。惠我德，大得志也。○上九。莫益之，或擊之，立心勿恒，凶。以陽居益之極，求益不已，故莫益而或擊之。立心勿恒，戒之也。象曰：莫益之，偏辭也。或擊之，自外來也。莫益之者，猶從其求益之偏辭而言也。若究而言之，則又有擊之者矣。

䷪ 乾下兌上

夬。揚于王庭，孚號有厲，告自邑，不利即戎，利有攸往。夬，古快反。號，戶羔反。卦內並同。○夬，決也。陽決陰也。三月之卦也。以五陽去一陰，決之而已。然其決之也，必正名其罪，而盡誠以呼號其衆，相與合力。然亦尚有危厲，不可安肆。又當先治其私，而不可專尚威武，則利有所往也。皆戒之之辭。○象曰：夬，決也。剛決柔也。健而說，決而和。說音悅。○釋卦名義而贊其德。揚于王庭，柔乘五剛也。孚號有厲，其危乃光也。告自邑不利即戎，所尚乃窮也。利有攸往，剛長乃終也。長，丁丈反。○此釋卦辭。柔乘五剛，以卦體言，謂以一小人加於衆君子之上，是其罪也。剛長乃終，謂一變則爲純乾也。○象曰：澤上於天，夬。君子以施祿及下，居德則忌。上，時掌反。施，始豉反。○澤上於天，潰決之勢也。施祿及下，潰決之意也。居德則忌，未詳。○初九。壯于前趾，往不勝爲咎。前猶進也。當決之時，居下任壯，不勝宜矣。故其象占如此。象曰：不勝而往，咎也。○九二。惕號，莫夜有戎，勿恤。莫音暮。○九二當決之時，剛而居柔，又得中道，故能憂惕號呼以自戒備，而莫夜有戎，亦可无患也。象曰：有戎勿恤，得中道也。○九三。壯于頄，有凶。君子夬夬，獨行遇雨，若濡有慍，无咎。頄，求龜反。○頄，顴也。九三當決之時，以剛而過乎中，是欲決小人而剛壯見于面目也。如是則有凶道矣。然在衆陽之中，獨與上六爲應，若能果決其決，不係私愛，則雖合於上六，如獨行遇雨，至於若濡而爲君子所慍，然終必能決去小人而无所咎也。溫嶠之於王敦，其事類此。象曰：君子夬夬，終无咎也。○九四。臀无膚，其行次且，牽羊悔亡，聞言不信。臀，徒敦反。次，七私反。且，七余反。姤卦同。○以陽居陰，不中不正，居則不安，行則不進。若不與衆陽競進而安出其後，則可以亡其悔。然當決之時，志在上進，必不能也。占者聞言而信，則轉凶而吉矣。牽羊者，當其前則不進，縱之使前而隨其後，則可以行矣。象曰：其行次且，位不當也。聞言不信，聰不明也。○九五。莧陸夬夬中行无咎。莧閑辦反。○莧陸今馬齒莧，感陰氣之多者。九五當決之時，爲決之主，而切近上六之陰，如莧陸然。若決而決之，而又不爲過暴，合於中行，則无咎矣。戒占者當如是也。象曰：中行无咎，中未光也。程傳備矣。傳曰：卦辭言夬夬，則於中行爲无咎矣。象復盡其義云：中未光也。夫人心正意誠，乃能極中正之道，而充實光輝。五心有所比，以義之不可而決之，雖行於外，不失中正之義，可以无咎，然於中道未得爲光大也。蓋人心一有所欲，則離道矣。夫子於此示人之意深矣。○上六无號，終有凶。陰柔小人，居窮極之時，黨類已盡，无所號呼，終必有凶也。占者有君子之德，則其敵當之，不然反是。象曰：无號之凶，終不可長也。

䷫ 巽下乾上

姤女壯，勿用取女。姤，古后反。取，七喻反。○姤，遇也。決盡則爲純乾，四月之卦。至姤然後一陰可見，而爲五月之卦。以其本非所望，而卒然值之，如不期而遇者，故爲遇。遇已非正，又一陰而遇五陽，則女德不貞而壯之甚也。取以自配，必害乎陽，故其象占如此。○象曰：姤，遇也，柔遇剛也。釋卦名。勿用取女，不可與長也。釋卦辭。天地相遇，品物咸章也。以卦體言。剛遇中正，天下大行也。指九五。姤之時義大矣哉。幾微之際，聖人所謹。○象曰：天下有風，姤。后以施命誥四方。○初六，繫于金柅，貞吉。有攸往，見凶。羸豕孚蹢躅。柅，乃李反，又女紀反。○柅，所以止車，以金爲之，其剛可知。一陰始生，靜正則吉，往進則凶，故以二義戒小人，使不害於君子，則有吉而无凶。然其勢不可止也，故以羸豕蹢躅曉君子，使深爲之備云。象曰：繫于金柅，柔道牽也。牽，進也。以其進，故止之。○九二，包有魚，无咎，不利賓。魚，陰物。二與初遇，爲包有魚之象。然制之在已，故猶可以无咎。若不制而使遇於衆，則其爲害廣矣，故其象占如此。象曰：包有魚，義不及賓也。○九三，臀无膚，其行次且，厲，无大咎。九三過剛不中，下不遇於初，上无應於上，居則不安，行則不進，故其象占如此。然既无所遇，則无陰邪之傷，故雖危厲而无大咎也。象曰：其行次且，行未牽也。○九四，包无魚，起凶。初六正應，已遇於二而不及於已，故其象占如此。象曰：无魚之凶，遠民也。遠，袁萬反。○民之去已，猶已遠之。○九五，以杞包瓜，含章，有隕自天。瓜，陰物之在下者，甘美而善潰。杞，高大堅實之木也。五以陽剛中正主卦於上，而下防始生必潰之陰，其象如此。然陰陽迭勝，時運之常。若能含晦章美，靜以制之，則可以回造化矣。有隕自天，本无而倏有之象也。象曰：九五含章，中正也。有隕自天，志不舍命也。舍，音捨。○上九，姤其角，吝，无咎。角，剛乎上者也。上九以剛居上而无位，不得其遇，故其象占與九三類。象曰：姤其角，上窮吝也。

䷬ 坤下兌上

萃亨。王假有廟。利見大人亨。利貞。用大牲吉。利有攸往。假更白反。○萃聚也。坤順兌說。九五剛中而二應之。又為澤上於地。萬物萃聚之象。故為萃。亨字衍文。王假有廟。言王者可以至于宗廟之中。王者卜祭之吉占也。祭義曰。公假于太廟是也。廟所以聚祖考之精神。又人必能聚己之精神。則可以至于廟而承祖考也。物既聚則必見大人而後可以得亨。然又必利於正。所聚不正。則亦不能亨也。大牲必聚而後有。聚則可以有所往。皆占吉而有戒之辭。○象曰。萃聚也。順以說。剛中而應。故聚也。說音悅。○以卦德卦體釋卦名義。王假有廟。致孝亨也。利見大人亨。聚以正也。用大牲吉。利有攸往。順天命也。釋卦辭。觀其所聚。而天地萬物之情可見矣。極言其理而贊之。○象曰。澤上於地。萃。君子以除戎器。戒不虞。上時掌反。○除者。脩而聚之之謂。○初六。有孚不終。乃亂乃萃。若號。一握為笑。勿恤。往无咎。號平聲。○初六上應九四。而隔於二陰。當萃之時。不能自守。是有孚而不終。志亂而妄聚也。若呼號正應。則衆以為笑。但勿恤而往從正應。則无咎矣。戒占者當如是也。象曰。乃亂乃萃。其志亂也。○六二。引吉无咎。孚乃利用禴。禴羊略反。○二應五而雜於二陰之間。必牽引以萃。乃吉而无咎。又二中正柔順。虛中以上應九五剛健中正。誠實而下交。故卜祭者有其孚誠。則雖薄物。亦可以祭矣。象曰。引吉无咎。中未變也。○六三。萃如嗟如。无攸利。往无咎。小吝。六三陰柔不中不正。上无應與。欲求萃於近而不得。故嗟如而无所利。唯往從於上。可以无咎。然不得其萃。困然後往。復得陰極无位之爻。亦可小羞矣。戒占者當近捨不正之強援。而遠結正應之窮交。則无咎也。象曰。往无咎。上巽也。○九四。大吉无咎。上比九五。下比衆陰。得其萃矣。然以陽居陰不正。故戒占者必大吉。然後得无咎也。象曰。大吉无咎。位不當也。○九五。萃有位。无咎。匪孚。元永貞。悔亡。九五剛陽中正。當萃之時而居尊。固无咎矣。若有未信。則亦脩其元永貞之德而悔亡矣。戒占者當如是也。象曰。萃有位。志未光也。未光謂匪孚。○上六。齎咨涕洟。无咎。齎音咨。咨又將啼反。洟音夷。象同。○處萃之終。陰柔无位。求萃不得。故戒占者必如是。而後可以无咎也。象曰。齎咨涕洟。未安上也。

䷭ 巽下坤上

升元亨。用見大人。勿恤。南征吉。升進而上也。卦自解來。柔上居四。內巽外順。九二剛中而五應之。是以其占如此。南征。前進也。○象曰。柔以時升。以卦變釋卦名。巽而順。剛中而應。是以大亨。以卦德卦體釋卦辭。用見大人勿恤。有慶也。南征吉。志行也。○象曰。地中生木。升。君子以順德。積小以高大。王肅本順作慎。今按他書引此亦多作慎。意尤明白。蓋古字通用也。說見上篇蒙卦。○初六。允升。大吉。初以柔順居下。巽之主也。當升之時。巽於二陽。占者如之。則信能升而大吉矣。象曰。允升大吉。上合志也。○九二。孚乃利用禴。无咎。義見萃卦。象曰。九二之孚。有喜也。○九三。升虛邑。陽實陰虛。而坤有國邑之象。九三以陽剛當升時。而進臨於坤。故其象占如此。象曰。升虛邑。无所疑也。○六四。王用亨于岐山。吉。无咎。義見隨卦。象曰。王用亨于岐山。順事也。以順而升。登祭于山之象。○六五。貞吉。升階。以陰居陽。當升而居尊位。必能正固。則可以得吉而升階矣。階升之易者。象曰。貞吉升階。大得志也。○上六。冥升。利于不息之貞。以陰居升極。昏冥不已者也。占者遇此。无適而利。但可反其不已於外之心。施之於不息之正而已。象曰。冥升在上。消不富也。

䷮ 坎下兌上

困。亨。貞大人吉。无咎。有言不信。困者。窮而不能自振之義。坎剛爲兌柔所揜。九二爲二陰所揜。四五爲上六所揜。所以爲困。坎險兌說。處險而說。是身雖困而道則亨也。二五剛中。又有大人之象。占者處困能亨。則得其正矣。非大人其孰能之。故曰貞。又曰大人者。明不正之小人不能當也。有言不信。又戒以當務晦默。不可尚口。益取困窮。○彖曰。困。剛揜也。以卦體釋卦名。險以說。困而不失其所亨。其唯君子乎。貞大人吉。以剛中也。有言不信。尚口乃窮也。說音悅。○以卦德卦體釋卦辭。○象曰。澤无水。困。君子以致命遂志。水下漏。則澤上枯。故曰澤无水。致命猶言授命。言持以與人而不之有也。能如是。則雖困而亨矣。○初六。臀困于株木。入于幽谷。三歲不覿。臀物之底也。困于株木。傷而不能安也。初六以陰柔處困之底。居暗之甚。故其象占如此。象曰。入于幽谷。幽不明也。○九二。困于酒食。朱紱方來。利用亨祀。征凶。无咎。紱音弗。亨。讀作享。○困于酒食。厭飫苦惱之意。酒食人之所欲。然醉飽過宜。則是反爲所困矣。朱紱方來。上應之也。九二有剛中之德。以處困時。雖无凶害。而反困於得其所欲之多。故其象如此。而其占利以亨祀。若征行則非其時。故凶。而於義爲无咎也。象曰。困于酒食。中有慶也。○六三。困于石。據于蒺藜。入于其宮。不見其妻。凶。陰柔而不中正。故有此象。而其占則凶。石指四。蒺藜指二。宮謂三。而妻則六也。其義則繫辭備矣。象曰。據于蒺藜。乘剛也。入于其宮不見其妻。不祥也。○九四。來徐徐。困于金車。吝。有終。初六。九四之正應。九四處位不當。不能濟物。而初六方困於下。又爲九二所隔。故其象如此。然邪不勝正。故其占雖爲可吝。而必有終也。金車爲九二。象未詳。疑坎有輪象也。象曰。來徐徐。志在下也。雖不當位。有與也。○九五。劓刖。困于赤紱。乃徐有說。利用祭祀。劓音見[illegible]。刖音月。說音悅。○劓刖者。傷於上下。上下既傷。則赤紱无所用而反爲困矣。九五當困之時。上爲陰揜。下則乘剛。故有此象。然剛中而說體。故能遲久而有說也。占具象中。又利用祭祀。久當獲福。象曰。劓刖。志未得也。乃徐有說。以中直也。利用祭祀。受福也。○上六。困于葛藟。于臲卼。曰動悔。有悔。征吉。藟力軌反。臲五結反。卼五骨反。○以陰柔處困極。故有困于葛藟于臲卼曰動悔之象。然物窮則變。故其占曰若能有悔。則可以征而吉矣。象曰。困于葛藟。未當也。動悔有悔。吉行也。

䷯巽下坎上

井。改邑不改井。无喪无得。往來井井。汔至亦未繘井。羸其瓶。凶。喪息浪反。汔許訖反。繘音橘。羸律裴反。○井者穴地出水之處。以巽木入乎坎水之下。而上出其水。故爲井。改邑不改井。故无喪无得。而往者來者。皆井其井也。汔幾也。繘綆也。羸敗也。汲井幾至未盡綆而敗其瓶。則凶也。其占爲事仍舊无得喪。而又當敬勉。不可幾成而敗也。○象曰。巽乎水而上水。井。井養而不窮也。上時掌反。○以卦象釋卦名義。改邑不改井。乃以剛中也。汔至亦未繘井。未有功也。羸其瓶。是以凶也。以卦體釋卦辭。无喪无得。往來井井。兩句意與不改井同。故不復出。剛中。以二五而言。未有功而敗其瓶。所以凶也。○象曰。木上有水。井。君子以勞民勸相。上如字。又時掌反。勞力報反。相息亮反。○木上有水。津潤上行。井之象也。勞民者。以君養民。勸相者。使民相養。皆取井養之義。○初六。井泥不食。舊井无禽。泥乃計反。○井以陽剛爲泉。上出爲功。初六以陰居下。故爲此象。蓋井不泉而泥。則人所不食。而禽鳥亦莫之顧也。象曰。井泥不食。下也。舊井无禽。時舍也。舍音捨。○言爲時所棄。○九二。井谷射鮒。甕敝漏。谷余六反。音育。射石亦反。鮒音附。○兊二剛中。有泉之象。然上无正應。下比初六。功不上行。故其象如此。象曰。井谷射鮒。无與也。○九三。井渫不食。爲我心惻。可用汲。王明。並受其福。渫息列反。○渫不停汚也。井渫不食。而使人心惻。可用汲矣。王明則汲井以及物。而施者受者。並受其福也。九三以陽居陽。在下之上。而未爲時用。故其象占如此。象曰。井渫不食。行惻也。求王明。受福也。行惻者。行道之人皆以爲惻也。○六四。井甃。无咎。甃側救反。○以六居四。雖得其正。然陰柔不泉。則但能脩治而无及物之功。故其象爲井甃而占則无咎。占者能自脩治。則雖无及物之功。而亦可以无咎矣。象曰。井甃无咎。脩井也。○九五。井洌。寒泉食。洌音列。○洌潔也。陽剛中正。功及於物。故爲此象。占者有其德。則契其象也。象曰。寒泉之食。中正也。○上六。井收勿幕。有孚元吉。收詩救反。又如字。幕音莫。○收汲取也。晁氏云。收鹿盧收繘者也。亦通。幕蔽覆也。有孚謂其出有源而不窮也。井以上出爲功。而坎口不揜。故上六雖非陽剛。而其象如此。然占者應之。必有孚乃元吉也。象曰。元吉在上。大成也。

䷰ 離下兌上

革，已日乃孚，元亨利貞，悔亡。革，變革也。兌澤在上，離火在下，火然則水乾，水決則火滅。中少二女合爲一卦，而少上中下，志不相得，故其卦爲革也。變革之初，人未之信，故必已日而後信。又以其內有文明之德，而外有和說之氣，故其占爲有所更革，皆大亨而得其正，所革皆當，而所革之悔亡也。一有不正，則所革不信不通，而反有悔矣。○彖曰：革，水火相息，二女同居，其志不相得，曰革。以卦象釋卦名義。大畧與睽相似，然以相違而爲睽，相息而爲革也。息，滅息也，又爲生息之義，滅息而後生息也。已日乃孚，革而信之。文明以說，大亨以正，革而當，其悔乃亡。以卦德釋卦辭。說音悅，當去聲。○天地革而四時成，湯武革命，順乎天而應乎人，革之時大矣哉。極言而贊其大也。○象曰：澤中有火，革，君子以治歷明時。治平聲。○四時之變，革之大者。○初九，鞏用黃牛之革。鞏，九勇反。○雖當革時，居初无應，未可有爲，故爲此象。鞏，固也。黃，中色。牛，順物。革，所以固物，亦取卦名而義不同也。其占爲當堅確固守，而不可以有爲。聖人之於變革，其謹如此。象曰：鞏用黃牛，不可以有爲也。○六二，已日乃革之，征吉，无咎。六二柔順中正，而爲文明之主，有應於上，於是可以革矣。然必已日然後革之，則征吉而无咎。戒占者猶未可遽變也。象曰：已日革之，行有嘉也。○九三，征凶，貞厲，革言三就，有孚。過剛不中，居離之極，躁動於革者也。故其占有征凶貞厲之戒。然其時則當革，故至於革言三就，則亦有孚而可革也。象曰：革言三就，又何之矣。言已審。○九四，悔亡，有孚，改命吉。以陽居陰，故有悔。然卦已過中，水火之際，乃革之時，而剛柔不偏，又革之用也。是以悔亡。然又必有孚，然後革乃可獲吉。明占者有其德而當其時，又必有信，乃悔亡而得吉也。象曰：改命之吉，信志也。○九五，大人虎變，未占有孚。虎，大人之象。變，謂希革而毛毨也。在大人則自新新民之極，順天應人之時也。九五以陽剛中正爲革之主，故有此象。占而得此，則有此應。然亦必自其未占之時，人已信其如此，乃足以當之耳。象曰：大人虎變，其文炳也。○上六，君子豹變，小人革面，征凶，居貞吉。革道已成，君子如豹之變，小人亦革面以聽從矣。不可以往，而居正則吉。變革之事，非得已者，不可以過，而上六之才，亦不可以有行也，故占者如之。象曰：君子豹變，其文蔚也。小人革面，順以從君也。蔚，紆胃反。

䷱ 巽下離上

鼎，元吉亨。鼎，烹飪之器。爲卦下陰爲足，二三四陽爲腹，五陰爲耳，上陽爲鉉，有鼎之象。又以巽木入離火而致烹飪，鼎之用也。故其卦爲鼎。下巽，巽也；上離爲目而五爲耳，有內巽順而外聰明之象。卦自巽來，陰進居五，而下應九二之陽，故其占曰元亨。吉，衍文也。○彖曰：鼎，象也。以木巽火，亨飪也。聖人亨以享上帝，而大亨以養聖賢。亨普庚反。飪入甚反。○以卦體二象釋卦名義。因極其大而言之。亨帝貴誠。用犢而已。養賢則饔飧牢禮當極其盛。故曰大亨。巽而耳目聰明。柔進而上行。得中而應乎剛。是以元亨。上時掌反。○以卦象卦變卦體釋卦辭。○象曰。木上有火。鼎。君子以正位凝命。鼎重器也。故有正位凝命之意。凝猶至道不凝之凝。傳所謂協于上下以承天休者也。○初六。鼎顛趾。利出否。得妾以其子。无咎。出尺遂反。又如字。否音鄙。○居鼎之下。鼎趾之象也。上應九四則顛矣。然當卦初。鼎未有實而舊有否惡之積焉。因其顛而出之。則爲利矣。得妾而因得其子。亦猶是也。此爻之象如此。而其占无咎。蓋因敗以爲功。因賤以致貴也。象曰。鼎顛趾。未悖也。利出否。以從貴也。鼎而顛趾。悖道也。而因可出否以從貴。則未爲悖也。從貴謂應四。亦爲取新之意。○九二。鼎有實。我仇有疾。不我能即。吉。仇音求。○以剛居中。鼎有實之象也。我仇謂初。陰陽相求而非正。則相陷於惡而爲仇矣。二能以剛中自守。則初雖近。不能以就之。是以其象如此。而其占爲如是則吉也。象曰。鼎有實。慎所之也。我仇有疾。終无尤也。有實而不慎其所往。則爲仇所即。而陷於惡矣。○九三。鼎耳革。其行塞。雉膏不食。方雨虧悔。終吉。行下孟反。塞悉則反。○以陽居鼎腹之中。本有美實者也。然以過剛失中。越五應上。又居下之極。爲變革之時。故爲鼎耳方革。而不可舉移。雖承上卦文明之腴。有雉膏之美。而不得以爲人之食。然以陽居陽。爲得其正。苟能自守。則陰陽將和而失其悔矣。占者如是。則初雖不利而終得吉也。象曰。鼎耳革。失其義也。○九四。鼎折足。覆公餗。其形渥。凶。折之舌反。覆方服反。餗送六反。渥乙角反。○晁氏曰。形渥諸本作刑剭。謂重刑也。今從之。九四居上。任重者也。而下應初六之陰。則不勝其任矣。故其象如此。而其占凶也。象曰。覆公餗。信如何也。言失信也。○六五。鼎黃耳。金鉉。利貞。鉉玄典反。○五於象爲耳。而有中德。故云黃耳。金堅剛之物。鉉貫耳以舉鼎者也。五虛中以應九二之堅剛。故其象如此。而其占則利在貞固而已。或曰。金鉉以上九而言。更詳之。象曰。鼎黃耳。中以爲實也。○上九。鼎玉鉉。大吉。无不利。上於象爲鉉。而以陽居陰。剛而能溫。故有玉鉉之象。而其占爲大吉无不利。蓋有是德。則如其占也。象曰。玉鉉在上。剛柔節也。

䷲ 震下 震上

震。亨。震來虩虩。笑言啞啞。震驚百里。不喪匕鬯。虩許逆反。啞烏客反。喪息浪反。匕必以反。鬯敕亮反。○震動也。一陽始生於二陰之下。震而動也。其象爲雷。其屬爲長子。震有亨道。震來當震之來時也。虩虩恐懼驚顧之貌。震驚百里。以雷言。匕所以舉鼎實。鬯以秬黍酒和鬱金。所以灌地降神者也。不喪匕鬯。以長子言也。此卦之占。爲能恐懼則致福。而不失其所主之重。○象曰。震亨。震有亨道。不待言也。震來虩虩。恐致福也。笑言啞啞。後有則也。恐致福。恐懼以致福也。則法也。震驚百里，驚遠而懼邇也。出可以守宗廟社稷，以爲祭主也。程子以爲邇也下，脫不喪匕鬯四字，今從之。出，謂繼世而主祭也。或云，出即鬯字之誤。○象曰：洊雷震，君子以恐懼脩省。洊，在薦反。省，悉井反。○初九：震來虩虩，後笑言啞啞，吉。成震之主，處震之初，故其占如此。象曰：震來虩虩，恐致福也。笑言啞啞，後有則也。○六二：震來厲，億喪貝，躋于九陵，勿逐，七日得。躋，子西反。○六二乘初九之剛，故當震之來而危厲也。億字未詳。又當喪其貨貝而升於九陵之上。然柔順中正，足以自守，故不求而自獲也。此爻占具象中。但九陵七日之象，則未詳耳。象曰：震來厲，乘剛也。○六三：震蘇蘇，震行无眚。蘇蘇，緩散自失之狀。以陰居陽，當震時而居不正，是以如此。占者若因懼而能行以去其不正，則可以无眚矣。象曰：震蘇蘇，位不當也。○九四：震遂泥。泥，乃計反。○以剛處柔，不中不正，陷於二陰之間，不能自震也。遂者，无反之意。泥，滯溺也。象曰：震遂泥，未光也。○六五：震往來厲，億无喪有事。喪，息浪反。○以六居五，而處震時，无時而不危也。以其得中，故无所喪而能有事也。占者不失其中，則雖危无喪矣。象曰：震往來厲，危行也。其事在中，大无喪也。○上六：震索索，視矍矍，征凶。震不于其躬，于其鄰，无咎。婚媾有言。索，桑落反。矍，俱縛反。○以陰柔處震極，故爲索索矍矍之象。以是而行，其凶必矣。然能及其震未及其身之時，恐懼脩省，則可以无咎。而亦不能免於婚媾之有言。戒占者當如是也。象曰：震索索，中未得也。雖凶无咎，畏鄰戒也。中，謂中心。

☶☶ 艮下艮上

艮其背，不獲其身，行其庭，不見其人，无咎。艮，止也。一陽止於二陰之上，陽自下升，極上而止也。其象爲山，取坤地而隆其上之狀，亦止於極而不進之意也。其占則必能止于背而不有其身，行其庭而不見其人，乃无咎也。蓋身，動物也，唯背爲止。艮其背，則止於所當止也。止於所當止，則不隨身而動矣，是不有其身也。如是則雖行於庭除有人之地，而亦不見其人矣。蓋艮其背而不獲其身者，止而止也；行其庭而不見其人者，行而止也。動靜各止其所，而皆主夫靜焉，所以得无咎也。○象曰：艮，止也。時止則止，時行則行，動靜不失其時，其道光明。此釋卦名。艮之義則止也。然行止各有其時，故時止而止，止也；時行而行，亦止也。艮體篤實，故又有光明之義。大畜於艮，亦以輝光言之。艮其止，止其所也。上下敵應，不相與也。是以不獲其身，行其庭不見其人，无咎也。此釋卦辭。易背爲止，以明背即止也。背者，止之所也。以卦體言，內外之卦，陰陽敵應而不相與也。不相與，則內不見己，外不見人，而无咎矣。晁氏云：艮其止，當依卦辭作背。○象曰：兼山，艮。君子以思不出其位。○初六：艮其趾，无咎，利永貞。以陰柔居艮初，爲艮趾之象。占者如之則无咎，而又以其陰柔，故又戒其利未貞也。象曰。艮其趾。未失正也。○六二。艮其腓。不拯其隨。其心不快。拯之凌反。○六二居中得正。既止其腓矣。三爲限。則腓所隨也。而過剛不中以止乎上。二雖中正而體柔弱。不能往而拯之。是以其心不快也。此爻占在象中。下爻放此。象曰。不拯其隨。未退聽也。三止乎上。亦不肯退而聽乎二也。○九三。艮其限。列其夤。厲熏心。夤引眞反。○限。身上下之際。即腰胯也。夤。膂也。止于腓則不進而已。九三以過剛不中。當限之處。而艮其限。則不得屈伸。而上下判隔。如列其夤矣。危厲熏心。不安之甚也。象曰。艮其限。危熏心也。○六四。艮其身。无咎。以陰居陰。時止而止。故爲艮其身之象。而占得无咎也。象曰。艮其身。止諸躬也。○六五。艮其輔。言有序。悔亡。六五當輔之處。故其象如此。而其占悔亡也。悔謂以陰居陽。象曰。艮其輔。以中正也。正字羨文。叶韻可見。○上九。敦艮。吉。以陽剛居止之極。敦厚於止者也。象曰。敦艮之吉。以厚終也。

䷴ 艮下巽上

漸。女歸吉。利貞。漸。漸進也。爲卦止於下而巽於上。爲不遽進之義。有女歸之象焉。又自二至五。位皆得正。故其占爲女歸吉。而又戒以利貞也。○象曰。漸之進也。女歸吉也。之字疑衍。或是漸字。進得位。往有功也。進以正。可以正邦也。以卦變釋利貞之意。蓋此卦之變自渙而來。九進居三。自旅而來。九進居五。皆爲得位之正。其位。剛得中也。以卦體言。謂九五。止而巽。動不窮也。以卦德言。漸進之義。○象曰。山上有木。漸。君子以居賢德善俗。二者皆當以漸而進。疑賢字衍。或善下有脫字。○初六。鴻漸于干。小子厲。有言。无咎。鴻之行有序而進有漸。干。水涯也。始進於下。未得所安。而上復无應。故其象如此。而其占則爲小子厲。雖有言而於義則无咎也。象曰。小子之厲。義无咎也。○六二。鴻漸于磐。飲食衎衎。吉。衎苦旦反。○磐。大石也。漸遠於水。進於磐而益安矣。衎衎。和樂意。六二柔順中正。進以其漸。而上有九五之應。故其象如此。而占則吉也。象曰。飲食衎衎。不素飽也。素飽如詩言素餐。得之以道。則不爲徒飽而處之安矣。○九三。鴻漸于陸。夫征不復。婦孕不育。凶。利禦寇。復房六反。○鴻。水鳥。陸非所安也。九三過剛不中而无應。故其象如此。而其占夫征則不復。婦孕則不育。凶莫甚焉。然以其過剛也。故利禦寇。象曰。夫征不復。離羣醜也。婦孕不育。失其道也。利用禦寇。順相保也。離力智反。○六四。鴻漸于木。或得其桷。无咎。桷音角。○鴻不木棲。桷。平柯也。或得平柯。則可以安矣。六四乘剛而順巽。故其象如此。占者如之。則无咎也。象曰。或得其桷。順以巽也。○九五。鴻漸于陵。婦三歲不孕。終莫之勝。吉。陵。高阜也。九五居尊。六二正應在下。而爲三四所隔。然終不能奪其正也。故其象如此。而占者如是則吉也。象曰。終莫之勝吉。得所願也。○上九。鴻漸于陸。其羽可用爲儀吉。胡氏程氏皆云，陸當作逵，謂雲路也。今以韻讀之，良是。儀，羽旄旌纛之飾也。上九至高，出乎人位之外，而其羽毛可用以爲儀飾，位雖極高，而不爲无用之象，故其占爲如是則吉也。象曰：其羽可用爲儀吉，不可亂也。漸進愈高而不爲无用，其志卓然，豈可得而亂哉。

䷵ 兌下 震上

歸妹，征凶，无攸利。婦人謂嫁曰歸。妹，少女也。兌以少女而從震之長男，而其情又爲以說而動，皆非正也，故卦爲歸妹。而卦之諸爻自二至五皆不得正，三五又皆以柔乘剛，故其占征凶而无所利也。○彖曰：歸妹，天地之大義也。天地不交而萬物不興。歸妹，人之終始也。釋卦名義也。歸者女之終，生育者人之始。說以動，所歸妹也。說音悅。○又以卦德言之。征凶，位不當也。无攸利，柔乘剛也。又以卦體釋卦辭。男女之交本皆正理，唯若此卦則不得其正也。○象曰：澤上有雷，歸妹。君子以永終知敝。雷動澤隨，歸妹之象。君子觀其合之不正，知其終之有敝也。推之事物，莫不皆然。○初九：歸妹以娣，跛能履，征吉。娣音弟。跛，波我反。○初九居下而无正應，故爲娣象。然陽剛在女子爲賢正之德，但爲娣之賤，僅能承助其君而已，故又爲跛能履之象，而其占則征吉也。象曰：歸妹以娣，以恒也。跛能履吉，相承也。恒謂有常久之德。○九二：眇能視，利幽人之貞。眇能視，承上爻而言。九二陽剛得中，女之賢也。上有正應而反陰柔不正，乃女賢而配不良，不能大成內助之功，故爲眇能視之象，而其占則利幽人之貞也。幽人亦抱道守正而不偶者也。象曰：利幽人之貞，未變常也。○六三：歸妹以須，反歸以娣。六三陰柔而不中正，又爲說之主，女之不正，人莫之取者也，故爲未得所適而反歸爲娣之象。或曰：須，女之賤者。象曰：歸妹以須，未當也。○九四：歸妹愆期，遲歸有時。九四以陽居上體而无正應，賢女不輕從人而愆期以待所歸之象，正與六三相反。象曰：愆期之志，有待而行也。○六五：帝乙歸妹，其君之袂不如其娣之袂良，月幾望，吉。袂，彌計反。○六五柔中居尊，下應九二，尚德而不貴飾，故爲帝女下嫁而服不盛之象。然女德之盛无以加此，故又爲月幾望之象，而占者如之則吉也。象曰：帝乙歸妹，不如其娣之袂良也。其位在中，以貴行也。以其有中德之貴而行，故不尚飾。○上六：女承筐无實，士刲羊无血，无攸利。刲，苦圭反。○上六以陰柔居歸妹之終而无應，約婚而不終者也，故其象如此，而於占爲无所利也。象曰：上六无實，承虛筐也。

䷶ 離下 震上

豐，亨，王假之，勿憂，宜日中。假，更白反。○豐，大也。以明而動，盛大之勢也，故其占有亨道焉。然王者至此，盛極當衰，則又有憂道焉。聖人以爲徒憂无益，但能守常，不至於過盛則可矣。故戒以勿憂宜日中也。○彖曰。豐。大也。明以動。故豐。以卦德釋卦名義。王假之。尚大也。勿憂宜日中。宜照天下也。釋卦辭。日中則昃。月盈則食。天地盈虛。與時消息。而況於人乎。況於鬼神乎。此又發明卦辭外意。言不可過中也。○象曰。雷電皆至。豐。君子以折獄致刑。折。之舌反。○取其威照並行之象。○初九。遇其配主。雖旬无咎。往有尚。配主謂四。旬。均也。謂皆陽也。當豐之時。明動相資。故初九之遇九四。雖皆陽剛。而其占如此也。象曰。雖旬无咎。過旬災也。戒占者不可求勝其配。亦爻辭外意。○六二。豐其蔀。日中見斗。往得疑疾。有孚發若。吉。蔀。音部。○六二居豐之時。為離之主。至明者也。而上應六五之柔暗。故為豐蔀見斗之象。蔀。障蔽也。大其障蔽。故日中而昏也。往而從之。則昏暗之主。必反見疑。唯在積其誠意以感發之則吉。戒占者宜如是也。虛中。有孚之象。象曰。有孚發若。信以發志也。○九三。豐其沛。日中見沬。折其右肱。无咎。沬。昧同。莫佩反。折。食列反。○沛。一作旆。謂旛幔也。其蔽甚於蔀矣。沬。小星也。三處明極而應上六。雖不可用。而非咎也。故其象占如此。象曰。豐其沛。不可大事也。折其右肱。終不可用也。○九四。豐其蔀。日中見斗。遇其夷主。吉。象與六二同。夷。等夷也。謂初九也。其占為當豐而遇暗主。下就同德則吉也。象曰。豐其蔀。位不當也。日中見斗。幽不明也。遇其夷主。吉行也。○六五。來章有慶譽。吉。質雖柔暗。若能來致天下之明。則有慶譽而吉矣。蓋因其柔暗而設此以開之。占者能如是。則如其占矣。象曰。六五之吉。有慶也。○上六。豐其屋。蔀其家。闚其戶。闃其无人。三歲不覿。凶。闃。苦鵙反。○以陰柔居豐極。處動終。明極而反暗者也。故為豐大其屋而反以自蔽之象。无人。不覿。亦言障蔽之深。其凶甚矣。象曰。豐其屋。天際翔也。闚其戶。闃其无人。自藏也。藏。謂障蔽。

䷷ 艮下離上

旅。小亨。旅貞吉。旅。羈旅也。山止於下。火炎於上。為去其所止而不處之象。故為旅。以六五得中於外。而順乎上下之二陽。艮止而離麗於明。故其占可以小亨。而能守其旅之貞則吉。旅非常居。若可苟者。然道无不在。故自有其正。不可須臾離也。○彖曰。旅小亨。柔得中乎外而順乎剛。止而麗乎明。是以小亨。旅貞吉也。以卦體卦德釋卦辭。旅之時義大矣哉。旅之時為難處。○象曰。山上有火。旅。君子以明慎用刑而不畱獄。慎刑如山。不畱如火。○初六。旅瑣瑣。斯其所取災。當旅之時。以陰柔居下位。故其象占如此。象曰。旅瑣瑣。志窮災也。○六二。旅卽次。懷其資。得童僕貞。卽次則安。懷資則裕。得其童僕之貞信。則无欺而有賴。旅之最吉者也。二有柔順中正之德。故其象占如此。象曰。得童僕貞。終无尤也。○九三。旅焚其次。喪其童僕。貞厲。喪。息浪反。象同。○過剛不中。居下之上。故其象占如此。喪其童僕。則不止於失其心矣。故貞字連下句爲義。象曰。旅焚其次。亦以傷矣。以旅與下。其義喪也。以旅之時。而與下之道如此。義當喪也。○九四。旅于處。得其資斧。我心不快。以陽居陰。處上之下。用柔能下。故其象占如此。然非其正位。又上无剛陽之與。下唯陰柔之應。故其心有所不快也。象曰。旅于處。未得位也。得其資斧。心未快也。○六五。射雉一矢亡。終以譽命。射。石亦反。○雉文明之物。離之象也。六五柔順文明。又得中道。爲離之主。故得此爻者。爲射雉之象。雖不无亡矢之費。而所喪不多。終有譽命也。象曰。終以譽命。上逮也。上逮。言其譽命聞於上也。○上九。鳥焚其巢。旅人先笑後號咷。喪牛于易。凶。喪。易。並去聲。○上九過剛。處旅之上。離之極。驕而不順。凶之道也。故其象占如此。象曰。以旅在上。其義焚也。喪牛于易。終莫之聞也。

䷸ 巽下巽上

巽。小亨。利有攸往。利見大人。巽。入也。一陰伏於二陽之下。其性能巽以入也。其象爲風。亦取入義。陰爲主。故其占爲小亨。以陰從陽。故又利有所往。然必知所從乃得其正。故又曰利見大人也。○彖曰。重巽以申命。釋卦義也。巽順而入。必究乎下。命令之象。重巽。故爲申命也。剛巽乎中正而志行。柔皆順乎剛。是以小亨。利有攸往。利見大人。以卦體釋卦辭。剛巽乎中正而志行。指九五。柔謂初四。○象曰。隨風。巽。君子以申命行事。隨。相繼之義。○初六。進退。利武人之貞。初以陰居下。爲巽之主。卑巽之過。故爲進退不果之象。若以武人之貞處之。則有以濟其所不及。而得所宜矣。象曰。進退。志疑也。利武人之貞。志治也。○九二。巽在牀下。用史巫紛若。吉。无咎。二以陽處陰而居下。有不安之意。然當巽之時。不厭其卑。而二又居中。不至已甚。故其占爲能過於巽。而丁寧煩悉其辭以自道達。則可以吉而无咎。亦竭誠意以祭祀之吉占也。象曰。紛若之吉。得中也。○九三。頻巽。吝。過剛不中。居下之上。非能巽者。勉爲屢失。吝之道也。故其象占如此。象曰。頻巽之吝。志窮也。○六四。悔亡。田獲三品。陰柔无應。承乘皆剛。宜有悔也。而以陰居陰。處上之下。故得悔亡。而又爲卜田之吉占也。三品者。一爲乾豆。一爲賓客。一以充庖。象曰。田獲三品。有功也。○九五。貞吉。悔亡。无不利。无初有終。先庚三日。後庚三日。吉。先。西薦反。後。胡豆反。○九五剛健中正。而居巽體。故有悔。以有貞而吉也。故得亡其悔而无不利。有悔是无初也。亡之是有終也。庚。更也。事之變也。先庚三日。丁也。後庚三日。癸也。丁。所以丁寧於其變之前。癸。所以揆度於其變之後。有所變更而得此占者。如是則吉也。象曰。九五之吉。位正中也。○上九。巽在牀下。喪其資斧。貞凶。喪。息浪反。下同。○巽在牀下。過於巽者也。喪其資斧。失所以斷也。如是。則雖貞亦凶矣。居巽之極。失其陽剛之德。故其象占如此。象曰。巽在牀下。上窮也。喪其資斧。正乎凶也。正乎凶。言必凶。

䷹ 兌下兌上

兌。亨。利貞。兌。說也。一陰進乎二陽之上。喜之見乎外也。其象爲澤。取其說萬物。又取坎水而塞其下流之象。卦體剛中而柔外。剛中故說而亨。柔外故利於貞。蓋說有亨道。而其妄說不可以不戒。故其占如此。又柔外故爲說亨。剛中故利於貞。亦一義也。○象曰。兌。說也。說。音悅。下同。○釋卦名義。剛中而柔外。說以利貞。是以順乎天而應乎人。說以先民。民忘其勞。說以犯難。民忘其死。說之大。民勸矣哉。先。西薦反。又如字。難。乃旦反。○以卦體釋卦辭。而極言之。○象曰。麗澤。兌。君子以朋友講習。兩澤相麗。互相滋益。朋友講習。其象如此。○初九。和兌。吉。以陽爻居說體而處最下。又无係應。故其象占如此。象曰。和兌之吉。行未疑也。居卦之初。其說也正。未有所疑也。○九二。孚兌。吉。悔亡。剛中爲孚。居陰爲悔。占者以孚而說。則吉而悔亡矣。象曰。孚兌之吉。信志也。○六三。來兌。凶。陰柔不中正。爲兌之主。上无所應而反來就二陽以求說。凶之道也。象曰。來兌之凶。位不當也。○九四。商兌未寧。介疾有喜。四上承九五之中正。而下比六三之柔邪。故不能決而商度所說。未能有定。然質本陽剛。故能介然守正。而疾惡柔邪也。如此則有喜矣。象占如此。爲戒深矣。象曰。九四之喜。有慶也。○九五。孚于剝。有厲。剝。謂陰能剝陽者也。九五陽剛中正。然當說之時。而居尊位。密近上六。上六陰柔爲說之主。處說之極。能妄說以剝陽者也。故其占但戒以信于上六。則有危也。象曰。孚于剝。位正當也。與履九五同。○上六。引兌。上六成說之主。以陰居說之極。引下二陽相與爲說。而不能必其從也。故九五當戒。而此爻不言其吉凶。象曰。上六引兌。未光也。

䷺ 坎下巽上

渙。亨。王假有廟。利涉大川。利貞。渙。呼亂反。假。庚白反。○渙。散也。爲卦下坎上巽。風行水上。離披解散之象。故爲渙。其變則本自漸卦。九來居二而得中。六往居三得九之位。而上同於四。故其占可亨。又以祖考之精神既散。故王者當至於廟以聚之。又以巽木坎水。舟楫之象。故利涉大川。其曰利貞。則占者之深戒也。○象曰。渙。亨。剛來而不窮。柔得位乎外而上同。上。如字。又時掌反。○以卦變釋卦辭。王假有廟。王乃在中也。中。謂廟中。利涉大川。乘木有功也。○象曰。風行水上。渙。先王以享于帝立廟。皆所以合其散。○初六。用拯馬壯。吉。居卦之初。渙之始也。始渙而拯之爲力既易，又有壯馬，其吉可知。初六非有濟渙之才，但能順乎九二，故其象占如此。象曰：初六之吉，順也。○九二：渙奔其机，悔亡。机，音几。○九而居二，宜有悔也。然當渙之時，來而不窮，能亡其悔者也。故其象占如此。蓋九奔而二机也。象曰：渙奔其机，得願也。○六三：渙其躬，无悔。陰柔而不中正，有私於己之象也。然居得陽位，志在濟時，能散其私以得无悔，故其占如此。大率此上四爻，皆因渙以濟渙者也。象曰：渙其躬，志在外也。○六四：渙其羣，元吉。渙有丘，匪夷所思。居陰得正，上承九五，當濟渙之任者也。下无應與，爲能散其朋黨之象。占者如是，則大善而吉。又言能散其小羣以成大羣，使所散者聚而若丘，則非常人思慮之所及也。象曰：渙其羣元吉，光大也。○九五：渙汗其大號，渙王居，无咎。陽剛中正，以居尊位。當渙之時，能散其號令與其居積，則可以濟渙而无咎矣。故其象占如此。九五巽體，有號令之象。汗，謂如汗之出而不反也。渙王居，如陸贄所謂散小儲而成大儲之意。象曰：王居无咎，正位也。○上九：渙其血，去逖出，无咎。去，起呂反。○上九以陽居渙極，能出乎渙，故其象占如此。血，謂傷害。逖，當作惕，與小畜六四同。言渙其血則去，渙其惕則出也。象曰：渙其血，遠害也。遠，袁萬反。

䷻ 兌下坎上

節：亨。苦節，不可貞。節，有限而止也。爲卦下兌上坎，澤上有水，其容有限，故爲節。節固自有亨道矣。又其體陰陽各半，而二五皆陽，故其占得亨。然至於太甚則苦矣，故又戒以不可守以爲貞也。○象曰：節亨，剛柔分而剛得中。以卦體釋卦辭。苦節不可貞，其道窮也。又以理言。說以行險，當位以節，中正以通。說，音悅。○又以卦德卦體言之。當位中正，指五。又坎爲通。天地節而四時成，節以制度，不傷財，不害民。極言節道。○象曰：澤上有水，節。君子以制數度，議德行。行，下孟反。○初九：不出戶庭，无咎。戶庭，戶外之庭也。陽剛得正，居節之初，未可以行，能節而止者也。故其象占如此。象曰：不出戶庭，知通塞也。塞，悉則反。○九二：不出門庭，凶。門庭，門內之庭也。九二當可行之時，而失剛不正，上无應與，知節而不知通，故其象占如此。象曰：不出門庭凶，失時極也。○六三：不節若，則嗟若，无咎。陰柔而不中正，以當節時，非能節者，故其象占如此。象曰：不節之嗟，又誰咎也。此无咎與諸爻異，言无所歸咎也。○六四：安節，亨。柔順得正，上承九五，自然有節者也。故其象占如此。象曰：安節之亨，承上道也。○九五：甘節，吉，往有尚。所謂當位以節，中正以通者也。故其象占如此。象曰：甘節之吉，居位中也。○上六：苦節，貞凶，悔亡。居節之極，故爲苦節。既處過極，故雖得正而不免於凶。然禮奢寧儉，故雖有悔而終得亡之也。象曰：苦節貞凶其道窮也。

䷼ 兌下巽上

中孚豚魚吉利涉大川利貞孚信也爲卦二陰在內四陽在外而二五之陽皆得其中以一卦言之爲中虛以二體言之爲中實皆孚信之象也又下說以應上上巽以順下亦爲孚義豚魚无知之物又木在澤上外實內虛皆舟楫之象至信可感豚魚涉險難而不可以失其貞故占者能致豚魚之應則吉而利涉大川又必利於貞也○象曰中孚柔在內而剛得中說而巽孚乃化邦也說音悅○以卦體卦德釋卦名義豚魚吉信及豚魚也利涉大川乘木舟虛也以卦象言中孚以利貞乃應乎天也信而正則應乎天矣○象曰澤上有風中孚君子以議獄緩死風感水受中孚之象議獄緩死中孚之意○初九虞吉有他不燕他湯何反○當中孚之初上應六四能度其可信而信之則吉復有他焉則失其所以度之之正而不得其所安矣戒占者之辭也象曰初九虞吉志未變也○九二鳴鶴在陰其子和之我有好爵吾與爾靡之和胡臥反靡亡池反○九二中孚之實而九五亦以中孚之實應之故有鶴鳴子和我爵爾靡之象鶴在陰謂九居二好爵謂得中靡與縻同言懿德人之所好故好爵雖我之所獨有而彼亦係戀之也象曰其子和之中心願也○六三得敵或鼓或罷或泣或歌敵謂上九信之窮者六三陰柔不中正以居說極而與之爲應故不能自主而其象如此象曰或鼓或罷位不當也○六四月幾望馬匹亡无咎幾音機望无方反○六四居陰得正位近於君爲月幾望之象馬匹謂初與己爲匹四乃絕之而上以信於五故爲馬匹亡之象占者如是則无咎也象曰馬匹亡絕類上也上上聲○九五有孚攣如无咎攣力圓反○九五剛健中正中孚之實而居尊位爲孚之主者也下應九二與之同德故其象占如此象曰有孚攣如位正當也○上九翰音登于天貞凶居信之極而不知變雖得其貞亦凶道也故其象占如此雞曰翰音乃巽之象居巽之極爲登于天雞非登天之物而欲登天信非所信而不知變亦猶是也象曰翰音登于天何可長也。

䷽ 艮下震上

小過亨利貞可小事不可大事飛鳥遺之音不宜上宜下大吉小謂陰也爲卦四陰在外二陽在內陰多於陽小者過也既過於陽可以亨矣然必利於守貞則又不可以不戒也卦之二五皆以柔而得中故可小事三四皆以剛失位而不中故不可大事卦體內實外虛如鳥之飛其聲下而不上故能致飛鳥遺音

之應。則宜下而大吉。亦不可大事之類也。○彖曰。小過。小者過而亨也。以卦體釋卦名義與其辭。過以利貞。與時行也。柔得中。是以小事吉也。以二五言。剛失位而不中。是以不可大事也。以三四言。有飛鳥之象焉。飛鳥遺之音。不宜上宜下。大吉。上逆而下順也。以卦體言。○象曰。山上有雷。小過。君子以行過乎恭。喪過乎哀。用過乎儉。山上有雷其聲小過。三者之過。皆小者之過。可過於小而不可過於大。可以小過而不可甚過。彖所謂可小事而宜下者也。○初六。飛鳥以凶。初六陰柔上應九四。又居過時。上而不下者也。飛鳥遺音。不宜上宜下。故其象占如此。郭璞洞林。占得此者。或致羽蟲之孽。象曰。飛鳥以凶。不可如何也。○六二。過其祖。遇其妣。不及其君。遇其臣。无咎。六二柔順中正。進則過三四而遇六五。是過陽而反遇陰也。如此則不及六五而自得其分。是不及君而適遇其臣也。皆過而不過。守正得中之意。无咎之道也。故其象占如此。象曰。不及其君。臣不可過也。所以不及君而還遇臣者。以臣不可過故也。○九三。弗過防之。從或戕之。凶。戕在良反。○小過之時。事每當過。然後得中。九三以剛居正。衆陰所欲害者也。而自恃其剛。不肯過爲之備。故其象占如此。若占者能過防之。則可以免矣。象曰。從或戕之。凶如何也。○九四。无咎。弗過遇之。往厲必戒。勿用永貞。當過之時。以剛處柔。過乎恭矣。无咎之道也。弗過遇之。言弗過於剛而適合其宜也。往則過矣。故有厲而當戒。陽性堅剛。故又戒以勿用永貞。言當隨時之宜。不可固守也。或曰。弗過遇之。若以六二爻例。則當如此說。若依九三爻例。則過遇當如過防之義。未詳孰是。當闕以俟知者。象曰。弗過遇之。位不當也。往厲必戒。終不可長也。爻義未明。此亦當闕。○六五。密雲不雨。自我西郊。公弋取彼在穴。弋餘職反。○以陰居尊。又當陰過之時。不能有爲。而弋取六二以爲助。故有此象。在穴陰物也。兩陰相得。其不能濟大事可知。象曰。密雲不雨。已上也。已上太高也。○上六。弗遇過之。飛鳥離之。凶。是謂災眚。眚生領反。○六以陰居動體之上。處陰過之極。過之已高而甚遠者也。故其象占如此。或曰。遇過。恐亦只當作過遇。義同九四。未知是否。象曰。弗遇過之。已亢也。

䷾ 離下 坎上

既濟。亨小。利貞。初吉終亂。既濟事之既成也。爲卦水火相交。各得其用。六爻之位。各得其正。故爲既濟。亨小當爲小亨。大抵此卦及六爻占辭。皆有警戒之意。時當然也。○彖曰。既濟亨。小者亨也。濟下疑脫小字。利貞。剛柔正而位當也。以卦體言。初吉。柔得中也。指六二。終止則亂。其道窮也。○象曰。水在火上。既濟。君子以思患而豫防之。○初九。曳其輪。濡其尾。无咎。曳以制反。濡音如。○輪在下尾在後初之象也曳輪則車不前濡尾則狐不濟既濟之初謹戒如是无咎之道占者如是則无咎矣象曰曳其輪義无咎也○六二婦喪其茀勿逐七日得喪息浪反茀方佛反○二以文明中正之德上應九五剛陽中正之君宜得行其志而九五居既濟之時不能下賢以行其道故二有婦喪其茀之象茀婦車之蔽言失其所以行也然中正之道不可終廢時過則行矣故又有勿逐而自得之戒象曰七日得以中道也○九三高宗伐鬼方三年克之小人勿用既濟之時以剛居剛高宗伐鬼方之象也三年克之言其久而後克戒占者不可輕動之意小人勿用占法與師上六同象曰三年克之憊也憊蒲拜反○六四繻有衣袽終日戒繻而朱反袽女居反○既濟之時以柔居柔能預備而戒懼者也故其象如此程子曰繻當作濡衣袽所以塞舟之罅漏象曰終日戒有所疑也○九五東鄰殺牛不如西鄰之禴祭實受其福東陽西陰言九五居尊而時已過不如六二之在下而始得時也又當文王與紂之事故其象占如此象辭初吉終亂亦此意也象曰東鄰殺牛不如西鄰之時也實受其福吉大來也○上六濡其首厲既濟之極險體之上而以陰柔處之為狐涉水而濡其首之象占者不戒危之道也象曰濡其首厲何可久也

䷿ 坎下離上

未濟亨小狐汔濟濡其尾无攸利汔許訖反○未濟事未成之時也水火不交不相為用卦之六爻皆失其位故為未濟汔幾也幾濟而濡尾猶未濟也占者如此何所利哉○象曰未濟亨柔得中也指六五言小狐汔濟未出中也濡其尾无攸利不續終也雖不當位剛柔應也○象曰火在水上未濟君子以慎辨物居方水火異物各居其所故君子觀象而審辨之○初六濡其尾吝以陰居下當未濟之初未能自進故其象占如此象曰濡其尾亦不知極也極字未詳考上下韻亦不叶或恐是敬字今且闕之○九二曳其輪貞吉以九二應六五而居柔得中為能自止而不進得為下之正也故其象占如此象曰九二貞吉中以行正也九居二本非正以中故得正也○六三未濟征凶利涉大川陰柔不中正居未濟之時以征則凶然以柔乘剛將出乎坎有利涉之象故其占如此蓋行者可以水浮而不可以陸走也或疑利字上當有不字象曰未濟征凶位不當也○九四貞吉悔亡震用伐鬼方三年有賞于大國以九居四不正而有悔也能勉而貞則悔亡矣然以不貞之資欲勉而貞非極其陽剛用力之久不能也故為伐鬼方三年而受賞之象象曰貞吉悔亡志行也○六五貞吉无悔君子之光有孚吉以六居五亦非正也然文明之主居中應剛虛心以求下之助故得貞而吉且无悔又有光輝之盛信實而不妄吉而又吉也象曰

君子之光。其暉吉也。暉者光之散也。○上九。有孚于飲酒。无咎。濡其首。有孚失是。以剛明居未濟之極。時將可以有為。而自信自養以俟命。无咎之道也。若縱而不反。如狐之涉水而濡其首。則過於自信而失其義矣。

象曰。飲酒濡首。亦不知節也。

周易卷之三

繫辭上傳

傳去聲後同。

繫辭本謂文王周公所作之辭繫于卦爻之下者即今經文。此篇乃孔子所述繫辭之傳也。以其通論一經之大體凡例故无經可附而自分上下云。

天尊地卑。乾坤定矣。卑高以陳。貴賤位矣。動靜有常。剛柔斷矣。方以類聚。物以羣分。吉凶生矣。在天成象。在地成形。變化見矣。

斷丁亂反。見賢遍反。○天地者陰陽形氣之實體。乾坤者易中卦之名也。卑高者天地萬物上下之位。貴賤者易中卦爻上下之位也。動者陽之常。靜者陰之常。剛柔者易中卦爻陰陽之稱也。方謂事情所向。言事物善惡各以類分。而吉凶者易中卦爻占決之辭也。象者日月星辰之屬。形者山川動植之屬。變化者易中蓍策卦爻。陰變爲陽。陽化爲陰者也。此言聖人作易因陰陽之實體。爲卦爻之法象。莊周所謂易以道陰陽。此之謂也。

是故剛柔相摩。八卦相盪。

盪徒浪反。○此言易卦之變化也。六十四卦之初。剛柔兩畫而已。兩相摩而爲四。四相摩而爲八。八相盪而爲六十四。

鼓之以雷霆。潤之以風雨。日月運行。一寒一暑。

此變化之成象者。

乾道成男。坤道成女。

此變化之成形者。此兩節又明易之見於實體者。與上文相發明也。

乾知大始。坤作成物。

知猶主也。乾主始物而坤作成之。承上文男女而言乾坤之理。蓋凡物之屬乎陰陽者。莫不如此。大抵陽先陰後。陽施陰受。陽之輕清未形。而陰之重濁有迹也。

乾以易知。坤以簡能。

易以豉反。○乾健而動。即其所知便能始物而无所難。故爲以易而知大始。坤順而靜。凡其所能皆從乎陽而不自作。故爲以簡而能成物。

易則易知。簡則易從。易知則有親。易從則有功。有親則可久。有功則可大。可久則賢人之德。可大則賢人之業。

人之所爲。如乾之易。則其心明白而人易知。如坤之簡。則其事要約而人易從。易知則與之同心者多。故有親。易從則與之協力者衆。故有功。有親則一於內。故可久。有功則兼於外。故可大。德謂得於己者。業謂成於事者。上言乾坤之德不同。此言人法乾坤之道。至此則可以爲賢矣。

易簡而天下之理得矣。天下之理得而成位乎其中矣。

成位謂成人之位。其中謂天地之中。至此則體道之極功。聖人之能事。可以與天地參矣。

右第一章

此章以造化之實。明作經之理。又言乾坤之理。分見於天地。而人兼體之也。

聖人設卦。觀象繫辭焉而明吉凶。

象者物之似也。此言聖人作易。觀卦爻之象而繫以辭也。

剛柔相推而生變化。

言卦爻陰陽迭相推盪。而陰或變陽。陽或化陰。聖人所以觀象而繫辭。衆人所以因蓍而求卦者也。

是故吉凶者。失得之象也。悔吝者。憂虞之象也。

吉凶悔吝者易

之辭也。得失憂虞者，事之變也。得則吉，失則凶。憂虞雖未至凶，然已足以致悔而取羞矣。蓋吉凶相對，而悔吝居其中間。悔自凶而趨吉，吝自吉而向凶也。故聖人觀卦爻之中，或有此象，則繫之以此辭也。變化者，進退之象也。剛柔者，晝夜之象也。六爻之動，三極之道也。柔變而趨於剛者，退極而進也。剛化而趨於柔者，進極而退也。既變而剛，則晝而陽矣。既化而柔，則夜而陰矣。六爻，初二為地，三四為人，五上為天。動，即變化也。極，至也。三極，天地人之至理。三才各一太極也。此明剛柔相推以生變化，而變化之極復為剛柔，流行於一卦六爻之間，而占者得因所值以斷吉凶也。是故君子所居而安者，易之序也。所樂而玩者，爻之辭也。樂，音洛。○易之序，謂卦爻所著事理當然之次第。玩者，觀之詳。是故君子居則觀其象而玩其辭，動則觀其變而玩其占。是以自天祐之，吉无不利。象辭變已見上。凡單言變者，化在其中。占，謂其所值吉凶之決也。

右第二章此章言聖人作易君子學易之事。

彖者，言乎象者也。爻者，言乎變者也。彖謂卦辭，文王所作者。爻謂爻辭，周公所作者。象指全體而言，變指一節而言。吉凶者，言乎其失得也。悔吝者，言乎其小疵也。无咎者，善補過也。此卦爻辭之通例。是故列貴賤者存乎位，齊小大者存乎卦，辯吉凶者存乎辭。位，謂六爻之位。齊，猶定也。小，謂陰。大，謂陽。憂悔吝者存乎介，震无咎者存乎悔。上悔，呼罪反。下悔，呼對反。○介，謂辯別之端。蓋善惡已動而未形之時也。於此憂之，則不至於悔吝矣。震，動也。知悔則有以動其補過之心，而可以无咎矣。是故卦有小大，辭有險易。辭也者，各指其所之。易，以豉反。○小險大易，各隨所向。

右第三章此章釋卦爻辭之通例。

易與天地準，故能彌綸天地之道。易書卦爻，具有天地之道，與之齊準。彌，如彌縫之彌，有終竟聯合之意。綸，有選擇條理之意。仰以觀於天文，俯以察於地理，是故知幽明之故。原始反終，故知死生之說。精氣為物，游魂為變，是故知鬼神之情狀。此窮理之事。以者，聖人以易之書也。易者，陰陽而已。幽明死生鬼神，皆陰陽之變，天地之道也。天文則有晝夜上下，地理則有南北高深。原者，推之於前。反者，要之於後。陰精陽氣，聚而成物，神之伸也。魂游魄降，散而為變，鬼之歸也。與天地相似，故不違。知周乎萬物而道濟天下，故不過。旁行而不流，樂天知命，故不憂。安土敦乎仁，故能愛。知，音智。樂，音洛。知命之知，如字。○此聖人盡性之事也。天地之道，知仁而已。知周萬物者，天也。道濟天下者，地也。知且仁，則知而不過矣。旁行者。權行之知也。不流者。守正之仁也。既樂天理。而又知天命。故能无憂。而其知益深。隨處皆安而无一息之不仁。故能不忘其濟物之心而仁益篤。蓋仁者愛之理。愛者仁之用。故其相爲表裏如此。

範圍天地之化而不過。曲成萬物而不遺。通乎晝夜之道而知。故神无方而易无體。此聖人至命之事也。範。如鑄金之有模範。圍。匡郭也。天地之化无窮。而聖人爲之範圍。不使過於中道。所謂裁成者也。通。猶兼也。晝夜。即幽明生死鬼神之謂。如此。然後可見至神之妙。无有方所。易之變化。无有形體也。

右第四章此章言易道之大。聖人用之如此。

一陰一陽之謂道。陰陽迭運者。氣也。其理則所謂道。

繼之者善也。成之者性也。道具於陰而行乎陽。繼。言其發也。善。謂化育之功。陽之事也。成。言其具也。性。謂物之所受。言物生則有性。而各具是道也。陰之事也。周子程子之書。言之備矣。

仁者見之謂之仁。知者見之謂之知。百姓日用而不知。故君子之道鮮矣。知。音智。不知之知。如字。鮮。息淺反。○仁陽知陰。各得是道之一隅。故隨其所見而目爲全體也。日用不知。則莫不飲食。鮮能知味者。又其每下者也。然亦莫不有是道焉。或曰。上章以知屬乎天。仁屬乎地。與此不同。何也。曰。彼以清濁言。此以動靜言。

顯諸仁。藏諸用。鼓萬物而不與聖人同憂。盛德大業至矣哉。顯。自內而外也。仁。謂造化之功。德之發也。藏。自外而內也。用。謂機緘之妙。業之本也。程子曰。天地无心而成化。聖人有心而无爲。

富有之謂大業。日新之謂盛德。張子曰。富有者。大而无外。日新者。久而无窮。

生生之謂易。陰生陽。陽生陰。其變無窮。理與書皆然也。

成象之謂乾。效法之謂坤。效。呈也。法。謂造化之詳密而可見者。

極數知來之謂占。通變之謂事。占。筮也。事之未定者。屬乎陽也。事。行事也。占之已決者。屬乎陰也。極數知來。所以通事之變。張忠定公言公事有陰陽。意蓋如此。

陰陽不測之謂神。張子曰。兩在故不測。

右第五章此章言道之體用。不外乎陰陽。而其所以然者。則未嘗倚於陰陽也。

夫易廣矣大矣。以言乎遠則不禦。以言乎邇則靜而正。以言乎天地之閒則備矣。夫。音扶。下同。○不禦。言无盡。靜而正。言即物而理存。備。言无所不有。

夫乾其靜也專。其動也直。是以大生焉。夫坤其靜也翕。其動也闢。是以廣生焉。翕。虛級反。闢。婢亦反。○乾坤各有動靜。於其四德見之。靜體而動用。靜別而動交也。乾一而實。故以質言而曰大。坤二而虛。故以量言而曰廣。蓋天之形雖包於地之外。而其氣常行乎地之中也。易之所以廣大者以此。

廣大配天地。變通配四時。陰陽之義配日月。易簡之善配至德。易。以豉反。○易之廣大變通。與其所言陰陽之說。易簡之德。配之天道人事則如此。

右第六章

子曰。易其至矣乎。夫易。聖人所以崇德而廣業也。知崇禮卑。崇效天。卑法地。知音智。○十翼皆夫子所作。不應自著子曰字。疑皆後人所加也。窮理則知崇如天而德崇。循理則禮卑如地而業廣。此其取類。又以淸濁言也。天地設位而易行乎其中矣。成性存存。道義之門。天地設位而變化行。猶知禮存性而道義出也。成性本成之性也。存存謂存而又存。不已之意也。

右第七章

聖人有以見天下之賾。而擬諸其形容。象其物宜。是故謂之象。賾。雜亂也。象。卦之象。如說卦所列者。聖人有以見天下之動。而觀其會通。以行其典禮。繫辭焉以斷其吉凶。是故謂之爻。斷。丁玩反。○會謂理之所聚而不可遺處。通謂理之可行而无所礙處。如庖丁解牛。會則其族。而通則其虛也。言天下之至賾而不可惡也。言天下之至動而不可亂也。惡。烏路反。○惡猶厭也。擬之而後言。議之而後動。擬議以成其變化。觀象玩辭。觀變玩占而法行之。此下七爻則其例也。鳴鶴在陰。其子和之。我有好爵。吾與爾靡之。子曰。君子居其室。出其言善。則千里之外應之。況其邇者乎。居其室。出其言不善。則千里之外違之。況其邇者乎。言出乎身。加乎民。行發乎邇。見乎遠。言行。君子之樞機。樞機之發。榮辱之主也。言行。君子之所以動天地也。可不愼乎。和。胡卧反。靡。音縻。行。下孟反。見。賢遍反。○釋中孚九二爻義。同人。先號咷而後笑。子曰。君子之道。或出或處。或默或語。二人同心。其利斷金。同心之言。其臭如蘭。斷。丁管反。臭。昌又反。○釋同人九五爻義。言君子之道。初若不同。而後實无間。斷金如蘭。言物莫能間。而其言有味也。初六。藉用白茅。无咎。子曰。苟錯諸地而可矣。藉之用茅。何咎之有。愼之至也。夫茅之爲物薄。而用可重也。愼斯術也以往。其无所失矣。藉。在夜反。錯。音措。夫。音扶。○釋大過初六爻義。勞謙。君子有終。吉。子曰。勞而不伐。有功而不德。厚之至也。語以其功下人者也。德言盛。禮言恭。謙也者。致恭以存其位者也。釋謙九三爻義。德言盛。禮言恭。言德欲其盛。禮欲其恭也。亢龍有悔。子曰。貴而无位。高而无民。賢人在下位而无輔。是以動而有悔也。釋乾上九爻義。當屬文言。此蓋重出。不出戶庭。无咎。子曰。亂之所生也。則言語以為階。君不密則失臣。臣不密則失身。幾事不密則害成。是以君子慎密而不出也。幾音機。○釋節初九爻義。子曰。作易者其知盜乎。易曰。負且乘。致寇至。負也者。小人之事也。乘也者。君子之器也。小人而乘君子之器。盜思奪之矣。上慢下暴。盜思伐之矣。慢藏誨盜。冶容誨淫。易曰。負且乘。致寇至。盜之招也。藏才浪反。○釋解六三爻義。

右第八章。此章言卦爻之用。

天一。地二。天三。地四。天五。地六。天七。地八。天九。地十。此簡本在第十章之首。程子曰。宜在此。今從之。此言天地之數。陽奇陰耦。卽所謂河圖者也。其位一六居下。二七居上。三八居左。四九居右。五十居中。就此章而言之。則中五為衍母。次十為衍子。次一二三四為四象之位。次六七八九為四象之數。二老位於西北。二少位於東南。其數則各以其類交錯於外也。天數五。地數五。五位相得而各有合。天數二十有五。地數三十。凡天地之數五十有五。此所以成變化而行鬼神也。此簡本在大衍之後。今按宜在此。天數五者。一三五七九皆奇也。地數五者。二四六八十皆耦也。相得謂一與二。三與四。五與六。七與八。九與十。各以奇耦為類而自相得。有合謂一與六。二與七。三與八。四與九。五與十。皆兩相合。二十有五者。五奇之積也。三十者。五耦之積也。變化謂一變生水而六化成之。二化生火而七變成之。三變生木而八化成之。四化生金而九變成之。五變生土而十化成之。鬼神謂凡奇耦生成之屈伸往來者。大衍之數五十。其用四十有九。分而為二以象兩。掛一以象三。揲之以四以象四時。歸奇於扐以象閏。五歲再閏。故再扐而後掛。揲時設反。奇紀宜反。扐郎得反。○大衍之數五十。蓋以河圖中宮天五乘地十而得之。至用以筮。則又止用四十有九。蓋皆出於理勢之自然。而非人之知力所能損益也。兩謂天地也。掛懸其一於左手小指之間也。三。三才也。揲。閒而數之也。奇。所揲四數之餘也。扐。勒於左手中三指之兩間也。閏。積月之餘日而成月者也。五歲之間。再積日而再成月。故五歲之中。凡有再閏。然後別起積分。如一掛之後。左右各一揲而一扐。故五者之中。凡有再扐。然後別起一掛也。乾之策。二百一十有六。坤之策。百四十有四。凡三百有六十。當期之日。期音基。○凡此策數生於四象。蓋河圖四面。太陽居一而連九。少陰居二而連八。少陽居三而連七。太陰居四而連六。揲蓍之法。則通計三變之餘。去其初掛之一。凡四為奇。凡八為耦。奇圓圍三。耦方圍四。三用其全。四用其半。積而數之。則為六七八九。而第三變揲數策數。亦皆符會。蓋餘三奇則九。而其揲亦九。策亦四九三十六。是為居一之太陽。餘二奇一耦則八。而其揲亦八策亦四八三十二。是爲居二之少陰。二耦一奇則七。而其揲亦七。策亦四七二十八。是爲居三之少陽。三耦則六。而其揲亦六。策亦四六二十四。是爲居四之老陰。是其變化往來進退離合之妙。皆出自然。非人之所能爲也。少陰退而未極乎虛。少陽進而未極乎盈。故此獨以老陽老陰計乾坤六爻之策數。餘可推而知也。期周一歲也。凡三百六十五日四分日之一。此特擧成數而槩言之耳。

二篇之策。萬有一千五百二十。當萬物之數也。二篇謂上下經。凡陽爻百九十二。得六千九百一十二策。陰爻百九十二。得四千六百八策。合之得此數。

是故四營而成易。十有八變而成卦。四營謂分二掛一揲四歸奇也。易變易也。謂一變也。三變成爻。十八變則成六爻也。

八卦而小成。謂九變而成三畫。得內卦也。

引而伸之。觸類而長之。天下之能事畢矣。長丁丈反。○謂已成六爻。而視其爻之變與不變。以爲動靜。則一卦可變而爲六十四卦。以定吉凶。凡四千九十六卦也。

顯道神德行。是故可與酬酢。可與祐神矣。行下孟反。○道因辭顯。行以數神。酬酢謂應對。祐神謂助神化之功。

子曰。知變化之道者。其知神之所爲乎。變化之道。卽上文數法是也。皆非人之所能爲。故夫子歎之。而門人加子曰以別上文也。

右第九章 此章言天地大衍之數。揲蓍求卦之法。然亦略矣。意其詳具於大卜筮人之官。而今不可考耳。其可推者啓蒙備言之。

易有聖人之道四焉。以言者尚其辭。以動者尚其變。以制器者尚其象。以卜筮者尚其占。四者皆變化之道。神之所爲者也。

是以君子將有爲也。將有行也。問焉而以言。其受命也如嚮。无有遠近幽深。遂知來物。非天下之至精。其孰能與於此。嚮許兩反。古文響字。與音預。下同。○此尚辭尚占之事。言人以蓍問易。求其卦爻之辭。而以之發言處事。則易受人之命而有以告之。如嚮之應聲。以決其未來之吉凶也。以言與以言者尚其辭之以言義同。命則將筮而告蓍之語。冠禮筮日宰自右贊命是也。

參伍以變。錯綜其數。通其變。遂成天下之文。極其數。遂定天下之象。非天下之至變。其孰能與於此。參七南反。錯七各反。綜作弄反。○此尚象之事。變則象之未定者也。參者三數之也。伍者五數之也。旣參以變。又伍以變。一先一後。更相考覈。以審其多寡之實也。錯者交而互之。一左一右之謂也。綜者總而挈之。一低一昂之謂也。此亦皆謂揲蓍求卦之事。蓋通三揲兩手之策。以成陰陽老少之畫。究七八九六之數。以定卦爻動靜之象也。參伍錯綜。皆古語。而參伍尤難曉。按荀子云。窺敵制變。欲伍以參。韓非曰。省同異之言。以知朋黨之分。偶參伍之驗。以責陳言之實。又曰。參之以此物。伍之以合參。史記曰。必參而伍之。又曰。參伍不失。漢書曰。參伍其賈。以類相準。此足以相發明矣。

易无思也。无爲也。寂然不動。感而遂通天下之故。非天下之至神。其孰能與於此。此四者易之體所以立。而用所以行者也。易指蓍卦。无思无爲。言其无心也。寂然者感之體。感通者寂之用。人心之妙。其動靜亦如此。夫易聖人之所以極深而研幾也。幾音機。下同。○研猶審也。幾微也。所以極深者至精也。所以研幾者至變也。唯深也。故能通天下之志。唯幾也。故能成天下之務。唯神也。故不疾而速。不行而至。所以通志而成務者。神之所爲也。子曰。易有聖人之道四焉者。此之謂也。

右第十章此章承上章之意。言易之用有此四者。

子曰。夫易何爲者也。夫易開物成務。冒天下之道。如斯而已者也。是故聖人以通天下之志。以定天下之業。以斷天下之疑。夫音扶。冒莫報反。斷丁亂反。○開物成務。謂使人卜筮以知吉凶而成事業。冒天下。謂卦爻旣設。而天下之道皆在其中。是故蓍之德圓而神。卦之德方以知。六爻之義易以貢。聖人以此洗心。退藏於密。吉凶與民同患。神以知來。知以藏往。其孰能與於此哉。古之聰明叡知神武而不殺者夫。方以知之知音智。下知以叡知並同。易音亦。與音預。夫音扶。○圓神。謂變化无方。方知。謂事有定理。易以貢。謂變易以告人。聖人體具三者之德。而无一塵之累。无事。則其心寂然。人莫能窺。有事。則神知之用。隨感而應。所謂无卜筮而知吉凶也。神武不殺。得其理而不假其物之謂。是以明於天之道。而察於民之故。是興神物以前民用。聖人以此齋戒。以神明其德夫。夫音扶。○神物謂蓍龜。湛然純一之謂齋。肅然警惕之謂戒。明天道。故知神物之可興。察民故。故知其用之不可不有以開其先。是以作爲卜筮以教人。而於此焉齋戒以考其占。使其心神明不測。如鬼神之能知來也。是故闔戶謂之坤。闢戶謂之乾。一闔一闢謂之變。往來不窮謂之通。見乃謂之象。形乃謂之器。制而用之謂之法。利用出入。民咸用之謂之神。見賢遍反。○闔闢。動靜之機也。先言坤者。由靜而動也。乾坤變通者。化育之功也。見象形器者。生物之序也。法者。聖人脩道之所爲。而神者。百姓自然之日用也。是故易有大極。是生兩儀。兩儀生四象。四象生八卦。大音泰。○一每生二。自然之理也。易者。陰陽之變。大極者。其理也。兩儀者。始爲一畫以分陰陽。四象者。次爲二畫以分太少。八卦者。次爲三畫而三才之象始備。此數言者。實聖人作易自然之次第。有不假絲毫智力而成者。畫卦揲蓍。其序皆然。詳見序例啓蒙。八卦定吉凶。吉凶生大業。有吉有凶。是生大業。是故法象莫大乎天地。變通莫大乎四時。縣象著明莫大乎日月。崇高莫大乎富貴。備物致用。立成器以爲天下利。莫大乎聖人。探賾索隱。鉤深致遠。以定天下之吉凶。成天下之亹亹者。莫大乎蓍龜。

縣音玄。探吐南反。索色白反。亹亡偉反。○富貴謂有天下履帝位。立下疑有闕文。亹亹猶勉勉也。疑則怠。決故勉。是故天生神物。聖人則之。天地變化。聖人效之。天垂象。見吉凶。聖人象之。河出圖。洛出書。聖人則之。見賢遍反。○此四者聖人作易之所由也。河圖洛書詳見啓蒙。易有四象。所以示也。繫辭焉。所以告也。定之以吉凶。所以斷也。斷丁亂反。○四象謂陰陽老少。示謂示人以所值之卦爻。

右第十一章 此章專言卜筮。

易曰。自天祐之。吉无不利。子曰。祐者助也。天之所助者順也。人之所助者信也。履信思乎順。又以尚賢也。是以自天祐之。吉无不利也。釋大有上九爻義。然在此无所屬。或恐是錯簡。宜在第八章之末。

子曰。書不盡言。言不盡意。然則聖人之意。其不可見乎。子曰。聖人立象以盡意。設卦以盡情僞。繫辭焉以盡其言。變而通之以盡利。鼓之舞之以盡神。言之所傳者淺。象之所示者深。觀奇耦二畫。包含變化。无有窮盡。則可見矣。變通鼓舞。以事而言。兩子曰字。疑衍其一。蓋子曰字皆後人所加。故有此誤。如近世通書。乃周子所自作。亦爲後人每章加以周子曰字。其設問答處。正如此也。乾坤其易之縕邪。乾坤成列。而易立乎其中矣。乾坤毁。則无以見易。易不可見。則乾坤或幾乎息矣。縕與蘊同。邪于遮反。幾音機。○縕所包蓄者。猶衣之著也。易之所有。陰陽而已。凡陽皆乾。凡陰皆坤。畫卦定位。則二者成列而易之體立矣。乾坤毁。謂卦畫不立。乾坤息。謂變化不行。是故形而上者謂之道。形而下者謂之器。化而裁之謂之變。推而行之謂之通。擧而措之天下之民謂之事業。卦爻陰陽。皆形而下者。其理則道也。因其自然之化而裁制之。變之義也。變通二字。上章以天言。此章以人言。是故夫象。聖人有以見天下之賾。而擬諸其形容。象其物宜。是故謂之象。聖人有以見天下之動。而觀其會通。以行其典禮。繫辭焉以斷其吉凶。是故謂之爻。重出以起下文。極天下之賾者存乎卦。鼓天下之動者存乎辭。卦即象也。辭即爻也。化而裁之存乎變。推而行之存乎通。神而明之存乎其人。默而成之。不言而信。存乎德行。行下孟反。○卦爻所以變通者在人。人之所以能神而明之者在德。

右第十二章

繫辭下傳

八卦成列。象在其中矣。因而重之。爻在其中矣。重。直龍反。○成列。謂乾一。兌二。離三。震四。巽五。坎六。艮七。坤八之類。象。謂卦之形體也。因而重之。謂各因一卦而以八卦次第加之爲六十四也。爻。六爻也。既重而後卦有六爻也。剛柔相推。變在其中矣。繫辭焉而命之。動在其中矣。剛柔相推。而卦爻之變。往來交錯。无不可見。聖人因其如此。而皆繫之辭以命其吉凶。則占者所值當動之爻象。亦不出乎此矣。吉凶悔吝者。生乎動者也。吉凶悔吝。皆辭之所命也。然必因卦爻之動而後見。剛柔者。立本者也。變通者。趣時者也。趣。七樹反。○一剛一柔。各有定位。自此而彼。變以從時。吉凶者。貞勝者也。貞。正也。常也。物以其所正爲常者也。天下之事。非吉則凶。非凶則吉。常相勝而不已也。天地之道。貞觀者也。日月之道。貞明者也。天下之動。貞夫一者也。觀。官奐反。夫。音扶。○觀。示也。天下之動。其變无窮。然順理則吉。逆理則凶。則其所正而常者。亦一理而已矣。夫乾。確然示人易矣。夫坤。隤然示人簡矣。確。苦角反。易。音異。隤。音頹。○確然。健貌。隤然。順貌。所謂貞觀者也。爻也者。效此者也。象也者。像此者也。此謂上文乾坤所示之理。爻之奇耦。卦之消息。所以效而象之。爻象動乎內。吉凶見乎外。功業見乎變。聖人之情見乎辭。內。謂蓍卦之中。外。謂蓍卦之外。變。即動乎內之變。辭。即見乎外之辭。天地之大德曰生。聖人之大寶曰位。何以守位曰仁。何以聚人曰財。理財正辭。禁民爲非曰義。曰人之人。今本仁。呂氏從古。蓋所謂非衆與守邦。

右第一章　此章言卦爻吉凶造化功業。

古者包犧氏之王天下也。仰則觀象於天。俯則觀法於地。觀鳥獸之文。與地之宜。近取諸身。遠取諸物。於是始作八卦。以通神明之德。以類萬物之情。包。蒲交反。王。于況反。○王昭素曰。與地之間。諸本多有天字。俯仰遠近。所取不一。然不過以驗陰陽消息兩端而已。神明之德。如健順動止之性。萬物之情。如雷風山澤之象。作結繩而爲罔罟。以佃以漁。蓋取諸離。罔。與網同。罟。音古。佃。音田。○兩目相承而物麗焉。包犧氏沒。神農氏作。斲木爲耜。揉木爲耒。耒耨之利。以教天下。蓋取諸益。斲。涉角反。耜。音似。耒。力對反。耨。奴豆反。○二體皆木。上入下動。天下之益。莫大於此。日中爲市。致天下之民。聚天下之貨。交易而退。各得其所。蓋取諸噬嗑。日中爲市。上明而下動。又借噬爲市。嗑爲合也。神農氏沒。黃帝堯舜氏作。通其變。使民不倦。神而化之。

使民宜之。易窮則變。變則通。通則久。是以自天祐之。吉无不利。黃帝堯舜垂衣裳而天下治。蓋取諸乾坤。乾坤變化而无爲。刳木爲舟。剡木爲楫。舟楫之利。以濟不通。致遠以利天下。蓋取諸渙。刳口姑反。剡以冉反。○木在水上也。致遠以利天下。疑衍。服牛乘馬。引重致遠。以利天下。蓋取諸隨。下動上說。重門擊柝。以待暴客。蓋取諸豫。重直龍反。柝他各反。○豫備之意。斷木爲杵。掘地爲臼。臼杵之利。萬民以濟。蓋取諸小過。斷丁緩反。杵昌呂反。掘其月反。○下止上動。弦木爲弧。剡木爲矢。弧矢之利。以威天下。蓋取諸睽。睽乖然後威以服之。上古穴居而野處。後世聖人易之以宮室。上棟下宇。以待風雨。蓋取諸大壯。處上聲。○壯固之意。古之葬者。厚衣之以薪。葬之中野。不封不樹。喪期无數。後世聖人易之以棺槨。蓋取諸大過。衣去聲。○送死大事而過於厚。上古結繩而治。後世聖人易之以書契。百官以治。萬民以察。蓋取諸夬。明決之意。

右第二章此章言聖人制器尚象之事。

是故易者象也。象也者像也。易卦之形。理之似也。彖者材也。彖言一卦之材。爻也者效天下之動者也。效放也。是故吉凶生而悔吝著也。悔吝本微。因此而著。

右第三章

陽卦多陰。陰卦多陽。震坎艮爲陽卦。皆一陽二陰。巽離兌爲陰卦。皆一陰二陽。其故何也。陽卦奇。陰卦耦。奇紀宜反。○凡陽卦皆五陰卦畫。凡皆四畫。其德行何也。陽一君而二民。君子之道也。陰二君而一民。小人之道也。行下孟反。○君謂陽。民謂陰。

右第四章

易曰。憧憧往來。朋從爾思。子曰。天下何思何慮。天下同歸而殊塗。一致而百慮。天下何思何慮。此引咸九四爻辭而釋之。言理本无二。而殊塗百慮。莫非自然。何以思慮爲哉。必思而從。則所從者亦狹矣。日往則月來。月往則日來。日月相推而明生焉。寒往則暑來。暑往則寒來。寒暑相推而歲成焉。往者屈也。來者信也。屈信相感而利生焉。信音申。○言往來屈信，皆感應自然之常理。加憧憧焉，則入於私矣。所以必思而後有從也。尺蠖之屈，以求信也。龍蛇之蟄，以存身也。精義入神，以致用也。利用安身，以崇德也。蠖，紆縛反。蟄，真立反。○因言屈信往來之理，而又推以言學亦有自然之機也。精研其義，至於入神，屈之至也。然乃所以爲出而致用之本。利其施用，无適不安，信之極也。然乃所以爲入而崇德之資。內外交相養，互相發也。過此以往，未之或知也。窮神知化，德之盛也。下學之事，盡力於精義利用，而交養互發之機，自不能已。自是以上，則亦无所用其力矣。至於窮神知化，乃德盛仁熟而自致耳。然不知者往而屈也，自致者來而信也。是亦感應自然之理而已。張子曰：氣有陰陽，推行有漸爲化，合一不測爲神。此上四節，皆以釋咸九四爻義。易曰：困于石，據于蒺蔾，入于其宮，不見其妻，凶。子曰：非所困而困焉，名必辱。非所據而據焉，身必危。既辱且危，死期將至，妻其可得見邪。釋困六三爻義。易曰：公用射隼于高墉之上，獲之，无不利。子曰：隼者，禽也。弓矢者，器也。射之者，人也。君子藏器於身，待時而動，何不利之有。動而不括，是以出而有獲，語成器而動者也。射，石亦反。隼，恤允反。括，古活反。○括，結礙也。此釋解上六爻義。子曰：小人不恥不仁，不畏不義，不見利不勸，不威不懲。小懲而大誡，此小人之福也。易曰：屨校滅趾，无咎。此之謂也。校音教。○此釋噬嗑初九爻義。善不積，不足以成名。惡不積，不足以滅身。小人以小善爲无益而弗爲也，以小惡爲无傷而弗去也。故惡積而不可掩，罪大而不可解。易曰：何校滅耳，凶。何，河可反。去，羌呂反。○此釋噬嗑上九爻義。子曰：危者，安其位者也。亡者，保其存者也。亂者，有其治者也。是故君子安而不忘危，存而不忘亡，治而不忘亂。是以身安而國家可保也。易曰：其亡其亡，繫于苞桑。此釋否九五爻義。子曰：德薄而位尊，知小而謀大，力小而任重，鮮不及矣。易曰：鼎折足，覆公餗，其形渥，凶。言不勝其任也。知音智。鮮，仙善反。折，之設反。餗，音速。渥，烏角反。勝，音升。○此釋鼎九四爻義。子曰：知幾其神乎。君子上交不諂，下交不瀆，其知幾乎。幾者，動之微，吉之先見者也。君子見幾而作，不俟終日。易曰：介于石，不終日，貞吉。介如石焉，寧用終日。斷可識矣。君子知微知彰，知柔知剛，萬夫之望。幾音機。先見之見，音現。斷，丁玩反。望，無方反。○此釋豫六二爻義。漢書吉之之間有凶字。子曰：顏氏之子，其殆庶幾乎。有不善未嘗不知，知之未嘗復行也。易曰，不遠復，无祇悔，元吉。幾音機。復行之復，芳服反。祇音其。○殆，危也。庶幾，近意。言近道也。此釋復初九爻義。天地絪縕，萬物化醇。男女構精，萬物化生。易曰，三人行，則損一人。一人行，則得其友。言致一也。絪音因。縕，紆云反。○絪縕，交密之狀。醇，謂厚而凝也。言氣化者也。化生，形化者也。此釋損六三爻義。子曰，君子安其身而後動，易其心而後語，定其交而後求。君子脩此三者，故全也。危以動，則民不與也。懼以語，則民不應也。无交而求，則民不與也。莫之與，則傷之者至矣。易曰，莫益之，或擊之，立心勿恆，凶。易其之易，去聲。○此釋益上九爻義。

右第五章

子曰，乾坤其易之門邪。乾，陽物也。坤，陰物也。陰陽合德而剛柔有體，以體天地之撰，以通神明之德。邪，于遮反。撰，仕免反。○諸卦剛柔之體，皆以乾坤合德而成，故曰乾坤易之門。撰，猶事也。其稱名也，雜而不越，於稽其類，其衰世之意邪。萬物雖多，无不出於陰陽之變，故卦爻之義，雖雜出而不差繆，然非上古淳質之時思慮所及也，故以為衰世之意，蓋指文王與世之時也。夫易，彰往而察來，而微顯闡幽，開而當名，辨物，正言，斷辭，則備矣。夫音扶。當，去聲。斷，丁玩反。○而微顯，恐當作微顯而。開而之而，亦疑有誤。其稱名也小，其取類也大，其旨遠，其辭文，其言曲而中，其事肆而隱。因貳以濟民行，以明失得之報。中，丁仲反。行，下孟反。○肆，陳也。貳，疑也。

右第六章此章多闕文疑字，不可盡通，後皆放此。

易之興也，其於中古乎。作易者，其有憂患乎。夏商之末，易道中微。文王拘於羑里而繫彖辭，易道復興。是故履，德之基也。謙，德之柄也。復，德之本也。恆，德之固也。損，德之脩也。益，德之裕也。困，德之辨也。井，德之地也。巽，德之制也。履，禮也。上天下澤，定分不易，必謹乎此，然後其德有以為基而立也。謙者，自卑而尊人，又為禮者之所當執持而不可失者也。九卦皆反身脩德以處憂患之事也，而有序焉。基，所以立。柄，所以持。復者，心不外而善端存。恆者，守不變而常且久。懲忿窒慾以脩身，遷善改過以長善。困以自驗其力，井以不變其所，然後能巽順於理，以制事變也。履，和而至。謙，尊而光。復，小而辨於物。恆，雜而不厭。損，先難而後易。益，長裕而不設。困，窮而通。井，居其所而遷。巽稱而隱。易。以豉反。長。丁丈反。稱。尺證反。○此如書之九德。禮非强世。然事皆至極。謙以自卑而尊且光。復陽微而不亂於羣陰。恆處雜而常德不厭。損欲先難。習熟則易。益但充長而不造作。困身困而道亨。井不動而及物。巽稱物之宜而潛隱不露。履以和行。謙以制禮。復以自知。恆以一德。損以遠害。益以興利。困以寡怨。井以辨義。巽以行權。和行之行。下孟反。遠。袁萬反。○寡怨。謂少所怨尤。辨義。謂安而能慮。

右第七章此章三陳九卦。以明處憂患之道。

易之為書也不可遠。為道也屢遷。變動不居。周流六虛。上下無常。剛柔相易。不可為典要。唯變所適。遠。袁萬反。上。上聲。下。去聲。○遠。猶忘也。周流六虛。謂陰陽流行於卦之六位。其出入以度。外內使知懼。此句未詳。疑有脫誤。又明於憂患與故。无有師保。如臨父母。雖无師保。而常若父母臨之。戒懼之至。初率其辭而揆其方。既有典常。苟非其人。道不虛行。揆。葵癸反。○方。道也。始由辭以度其理。則見其有典常矣。然神而明之。則存乎其人也。

右第八章

易之為書也。原始要終以為質也。六爻相雜。唯其時物也。要。一遙反。下同。○質。謂卦體。卦必舉其始終而後成體。爻則唯其時物而已。其初難知。其上易知。本末也。初辭擬之。卒成之終。易。去聲。○此言初上二爻。若夫雜物撰德。辨是與非。則非其中爻不備。夫。音扶。○此謂卦中四爻。噫亦要存亡吉凶。則居可知矣。知者觀其彖辭。則思過半矣。知者之知音智。○彖。統論一卦六爻之體。二與四同功而異位。其善不同。二多譽。四多懼。近也。柔之為道。不利遠者。其要无咎。其用柔中也。要。如字。又一遙反。下章同。○此以下論中爻。同功。謂皆陰位。異位。謂遠近不同。四近君。故多懼。柔不利遠。而二多譽者。以其柔中也。三與五同功而異位。三多凶。五多功。貴賤之等也。其柔危。其剛勝邪。勝。音升。○三五同陽位。而貴賤不同。然以柔居之則危。唯剛則能勝之。

右第九章

易之為書也。廣大悉備。有天道焉。有人道焉。有地道焉。兼三才而兩之。故六。六者非它也。三才之道也。三畫已具三才。重之故六。而以上二爻為天。中二爻為人。下二爻為地。道有變動。故曰爻。爻有等。故曰物。物相雜。故曰文。

文不當。故吉凶生焉。當。去聲。○道有變動。謂卦之一體。等。謂遠近貴賤之差。相雜。謂剛柔之位相閒。不當。謂爻不當位。

右第十章

易之興也。其當殷之末世。周之盛德邪。當文王與紂之事邪。是故其辭危。危者使平。易者使傾。其道甚大。百物不廢。懼以終始。其要无咎。此之謂易之道也。邪。于遮反。易者之易。去聲。要。平聲。○危懼故得平安。慢易則必傾覆。易之道也。

右第十一章

夫乾。天下之至健也。德行恆易以知險。夫坤。天下之至順也。德行恆簡以知阻。夫。音扶。行易並去聲。阻。莊呂反。○至健則所行无難。故易。至順則所行不煩。故簡。然其於事皆有以知其難。而不敢易以處之也。是以其有憂患。則健者如自高臨下而知其險。順者如自下趨上而知其阻。蓋雖易而能知險。則不陷於險矣。既簡而又知阻。則不困於阻矣。所以能危能懼而无易者之傾也。能說諸心。能研諸侯之慮。定天下之吉凶。成天下之亹亹者。說。音悅。○侯之二字衍。說諸心者。心與理會。乾之事也。研諸慮者。理因慮審。坤之事也。說諸心。故有以定吉凶。研諸慮。故有以成亹亹。是故變化云為。吉事有祥。象事知器。占事知來。變化云為。故象事可以知器。吉事有祥。故占事可以知來。天地設位。聖人成能。人謀鬼謀。百姓與能。與。音預。○天地設位。而聖人作易以成其功。於是人謀鬼謀。雖百姓之愚。皆得以與其能。八卦以象告。爻彖以情言。剛柔雜居。而吉凶可見矣。象。謂卦畫。爻彖。謂卦爻辭。變動以利言。吉凶以情遷。是故愛惡相攻而吉凶生。遠近相取而悔吝生。情偽相感而利害生。凡易之情。近而不相得則凶。或害之。悔且吝。惡。烏路反。○不相得。謂相惡也。凶害悔吝。皆由此生。將叛者其辭慙。中心疑者其辭枝。吉人之辭寡。躁人之辭多。誣善之人其辭游。失其守者其辭屈。卦爻之辭。亦猶是也。

右第十二章

周易卷之四

說卦傳

昔者聖人之作易也。幽贊於神明而生蓍。幽贊神明。猶言贊化育。龜筴傳曰。天下和平。王道得。而蓍莖長丈。其叢生滿百莖。參天兩地而倚數。參。七南反。○天圓地方。圓者一而圍三。三各一奇。故參天而爲三。方者一而圍四。四合二耦。故兩地而爲二。數皆倚此而起。故揲蓍三變之末。其餘三奇則三三而九。三耦則二二而六。兩二一三則爲七。兩三一二則爲八。觀變於陰陽而立卦。發揮於剛柔而生爻。和順於道德而理於義。窮理盡性以至於命。和順從容。无所乖逆。統言之也。理謂隨事得其條理。析言之也。窮天下之理。盡人物之性。而合於天道。此聖人作易之極功也。

右第一章

昔者聖人之作易也。將以順性命之理。是以立天之道曰陰與陽。立地之道曰柔與剛。立人之道曰仁與義。兼三才而兩之。故易六畫而成卦。分陰分陽。迭用柔剛。故易六位而成章。兼三才而兩之。總言六畫。又細分之。則陰陽之位間雜而成文章也。

右第二章

天地定位。山澤通氣。雷風相薄。水火不相射。八卦相錯。薄。音博。○邵子曰。此伏羲八卦之位。乾南。坤北。離東。坎西。兌居東南。震居東北。巽居西南。艮居西北。於是八卦相交而成六十四卦。所謂先天之學也。數往者順。知來者逆。是故易逆數也。數。並上聲。○起震而歷離兌以至於乾。數已生之卦也。自巽而歷坎艮以至於坤。推未生之卦也。易之生卦。則以乾兌離震巽坎艮坤爲次。故皆逆數也。

右第三章

雷以動之。風以散之。雨以潤之。日以烜之。艮以止之。兌以說之。乾以君之。坤以藏之。烜。與暅同。說音悅。○此卦位相對。與上章同。

右第四章

帝出乎震。齊乎巽。相見乎離。致役乎坤。說言乎兌。戰乎乾。勞乎坎。成言乎艮。說音悅。下同。○帝者。天之主宰。邵子曰。此卦位乃文王所定。所謂後天之學也。

萬物出乎震。震東方也。齊乎巽。巽東南也。齊也者。言萬物之潔齊也。離也者。明也。萬物皆相見。南方之卦也。聖人南面而聽天下。嚮明而治。蓋取諸此也。坤也者。地也。萬物皆致養焉。故曰致役乎坤。兌正秋也。萬物之所說也。故曰說言乎兌。戰乎乾。乾西北之卦也。言陰陽相薄也。坎者。水也。正北方之卦也。勞卦也。萬物之所歸也。故曰勞乎坎。艮東北之卦也。萬物之所成終而所成始也。故曰成言乎艮。嚮讀作向。說音悅。下同。薄音博。○上言帝。此言萬物之隨帝以出入也。

右第五章此章所推卦位之說。多未詳者。

神也者。妙萬物而爲言者也。動萬物者莫疾乎雷。撓萬物者莫疾乎風。燥萬物者莫熯乎火。說萬物者莫說乎澤。潤萬物者莫潤乎水。終萬物始萬物者莫盛乎艮。故水火相逮。雷風不相悖。山澤通氣。然後能變化。旣成萬物也。撓。乃飽反。熯。呼但反。悖。必內反。○此去乾坤而專言六子。以見神之所爲。然其位序亦用上章之說。未詳其義。

右第六章

乾。健也。坤。順也。震。動也。巽。入也。坎。陷也。離。麗也。艮。止也。兌。說也。說音悅。○此言八卦之性情。

右第七章

乾爲馬。坤爲牛。震爲龍。巽爲雞。坎爲豕。離爲雉。艮爲狗。兌爲羊。遠取諸物如此。

右第八章

乾爲首。坤爲腹。震爲足。巽爲股。坎爲耳。離爲目。艮爲手。兌爲口。近取諸身如此。

右第九章

乾。天也。故稱乎父。坤。地也。故稱乎母。震一索而得男。故謂之長男。巽一索而得女。故謂之長女。

坎再索而得男。故謂之中男。離再索而得女。故謂之中女。艮三索而得男。故謂之少男。兌三索而得女。故謂之少女。索色白反。長之丈反。少詩照反。下章同。○索求也。謂揲蓍以求爻也。男女指卦中一陰一陽之爻而言。

右第十章

乾爲天。爲圜。爲君。爲父。爲玉。爲金。爲寒。爲冰。爲大赤。爲良馬。爲老馬。爲瘠馬。爲駁馬。爲木果。圜音圓。駁邦角反。○荀九家。此下有爲龍。爲直。爲衣。爲言。坤爲地。爲母。爲布。爲釜。爲吝嗇。爲均。爲子母牛。爲大輿。爲文。爲衆。爲柄。其於地也爲黑。釜房甫反。嗇音色。○荀九家。有爲牝。爲迷。爲方。爲囊。爲裳。爲黃。爲帛。爲漿。震爲雷。爲龍。爲玄黃。爲旉。爲大塗。爲長子。爲決躁。爲蒼筤竹。爲萑葦。其於馬也爲善鳴。爲馵足。爲作足。爲的顙。其於稼也爲反生。其究爲健。爲蕃鮮。旉音孚。筤音郎。萑音九。馵主樹反。蕃音煩。○荀九家。有爲玉。爲鵠。爲鼓。巽爲木。爲風。爲長女。爲繩直。爲工。爲白。爲長。爲高。爲進退。爲不果。爲臭。其於人也爲寡髮。爲廣顙。爲多白眼。爲近利市三倍。其究爲躁卦。下爲長之長如字。○荀九家。有爲楊。爲鸛。坎爲水。爲溝瀆。爲隱伏。爲矯輮。爲弓輪。其於人也爲加憂。爲心病。爲耳痛。爲血卦。爲赤。其於馬也爲美脊。爲亟心。爲下首。爲薄蹄。爲曳。其於輿也爲多眚。爲通。爲月。爲盜。其於木也爲堅多心。輮如九反。亟紀力反。曳以制反。○荀九家。有爲宮。爲律。爲可。爲棟。爲叢棘。爲狐。爲蒺藜。爲桎梏。離爲火。爲日。爲電。爲中女。爲甲冑。爲戈兵。其於人也爲大腹。爲乾卦。爲鱉。爲蟹。爲蠃。爲蚌。爲龜。其於木也爲科上槁。乾音干。蟹戶買反。蠃力禾反。蚌步項反。○荀九家有爲牝牛。艮爲山。爲徑路。爲小石。爲門闕。爲果蓏。爲閽寺。爲指。爲狗。爲鼠。爲黔喙之屬。其於木也爲堅多節。蓏力果反。黔其堅反。喙況廢反。又音咒。○荀九家。有爲鼻。爲虎。爲狐。兌爲澤。爲少女。爲巫。爲口舌。爲毀折。爲附決。其於地也爲剛鹵。爲妾。爲羊。折之列反。鹵力杜反。○荀九家。有爲常。爲輔頰。

右第十一章此章廣八卦之象。其間多不可曉者。求之於經。亦不盡合也。

序卦傳

有天地然後萬物生焉。盈天地之閒者唯萬物。故受之以屯。屯者盈也。屯者物之始生也。物生必蒙。故受之以蒙。蒙者蒙也。物之穉也。物穉不可不養也。故受之以需。需者飲食之道也。飲食必有訟。故受之以訟。訟必有衆起。故受之以師。師者衆也。衆必有所比。故受之以比。比者比也。比必有所畜。故受之以小畜。物畜然後有禮。故受之以履。履而泰然後安。故受之以泰。（晁氏曰鄭本无而泰二字）泰者通也。物不可以終通。故受之以否。物不可以終否。故受之以同人。與人同者物必歸焉。故受之以大有。有大者不可以盈。故受之以謙。有大而能謙必豫。故受之以豫。豫必有隨。故受之以隨。以喜隨人者必有事。故受之以蠱。蠱者事也。有事而後可大。故受之以臨。臨者大也。物大然後可觀。故受之以觀。可觀而後有所合。故受之以噬嗑。嗑者合也。物不可以苟合而已。故受之以賁。賁者飾也。致飾然後亨則盡矣。故受之以剝。剝者剝也。物不可以終盡。剝窮上反下。故受之以復。復則不妄矣。故受之以无妄。有无妄然後可畜。故受之以大畜。物畜然後可養。故受之以頤。頤者養也。不養則不可動。故受之以大過。物不可以終過。故受之以坎。坎者陷也。陷必有所麗。故受之以離。離者麗也。

右上篇

有天地然後有萬物。有萬物然後有男女。有男女然後有夫婦。有夫婦然後有父子。有父子然後有君臣。有君臣然後有上下。有上下然後禮義有所錯。夫婦之道不可以不久也。故受之以恆。恆者久也。物不可以久居其所。故受之以遯。遯者退也。物不可以終遯。故受之以大壯。物不可以終壯。故受之以晉。晉者進也。進必有所傷。故受之以明夷。夷者傷也。傷於外者必反其家。故受之以家人。家道窮必乖。故受之以睽。睽者乖也。乖必有難。故受之以蹇。蹇者難也。物不可以終難故受之以解解者緩也緩必有所失故受之以損損而不已必益故受之以益益而不已必決故受之以夬夬者決也決必有所遇故受之以姤姤者遇也物相遇而後聚故受之以萃萃者聚也聚而上者謂之升故受之以升升而不已必困故受之以困困乎上者必反下故受之以井井道不可不革故受之以革革物者莫若鼎故受之以鼎主器者莫若長子故受之以震震者動也物不可以終動止之故受之以艮艮者止也物不可以終止故受之以漸漸者進也進必有所歸故受之以歸妹得其所歸者必大故受之以豐豐者大也窮大者必失其居故受之以旅旅而無所容故受之以巽巽者入也入而後說之故受之以兌兌者說也說而後散之故受之以渙渙者離也物不可以終離故受之以節節而信之故受之以中孚有其信者必行之故受之以小過有過物者必濟故受之以既濟物不可窮也故受之以未濟終焉

右下篇

雜卦傳

乾剛坤柔比樂師憂(樂音洛)臨觀之義或與或求(以我臨物曰與物來觀我曰求或曰二卦互有與求之義)屯見而不失其居蒙雜而著(見賢遍反著陟慮反○屯震遇坎震動故見坎險不行也蒙坎遇艮坎幽昧艮光明也或曰屯以初言蒙以二言)震起也艮止也損益盛衰之始也○大畜時也无妄災也(止健者時有適然无妄而災自外至)萃聚而升不來也謙輕而豫怠也○噬嗑食也賁无色也(白受采)兌見而巽伏也(見賢遍反○兌陰外見巽陰內伏)隨无故也蠱則飭也(飭與勑同○隨前无故蠱後當飭)剝爛也復反也○晉晝也明夷誅也(誅傷也)井通而困相遇也(剛柔相遇而剛見揜也)咸速也恆久也(咸速恆久)渙離也節止也解緩也蹇難也睽外也家人內也否泰反其類也(難乃旦反)大壯則止遯則退也(止謂不退)大有衆也同人親也革去故也鼎取新也小過過也中孚信也豐多故也親寡旅也(去起呂反)○既明且

動，其故多矣。

離上而坎下也。上，時掌反。下，遐嫁反。○火炎上，水潤下。小畜寡也。履不處也。處，上聲。○不處，行進之義。需不進也。訟不親也。大過顛也。姤遇也。柔遇剛也。漸女歸待男行也。頤養正也。既濟定也。歸妹女之終也。未濟男之窮也。夬決也。剛決柔也。君子道長。小人道憂也。長，丁丈反。○自大過以下，卦不反對，或疑其錯簡。今以韻協之，又似非誤，未詳何義。

國家圖書館出版品預行編目資料

周易本義 / 朱熹著. -- 初版. -- 新北市：華夏出版有限公司, 2024.03
面； 公分. --（傳世經典；005）
ISBN 978-626-7296-92-9（平裝）
1.CST：易經 2.CST：注釋
121.12 112015587

傳世經典 005
周易本義

著　作　朱熹
出　版　華夏出版有限公司
220 新北市板橋區縣民大道 3 段 93 巷 30 弄 25 號 1 樓
電話：02-32343788　傳真：02-22234544
E-mail：pftwsdom@ms7.hinet.net
印　刷　百通科技股份有限公司
電話：02-86926066 傳真：02-86926016
總 經 銷　貿騰發賣股份有限公司
新北市 235 中和區立德街 136 號 6 樓
電話：02-82275988　傳真：02-82275989
網址：www.namode.com
版　次　2024 年 3 月初版—刷
特　價　新台幣 220 元（缺頁或破損的書，請寄回更換）

ISBN-13：978-626-7296-92-9